KB238469

천년의 비밀,

정읍별곡

천년의 비밀,

정읍별곡

전성군 지음

이담
Books

프롤로그

　물은 영양분을 나르는 운반선이다.

　샘(우물)이 바다를 이루고 있는 촌, 백제시대 정읍의 이름은 정촌현(井村縣)이다. 이 샘 바다 정촌에서 정읍이란 도시의 이름이 시작되어 천년의 비밀을 간직한 채 그 우물곁에서 살 붙여 살아오면서 사람들을 부양해왔다.

　하지만 근래 생활공동체가 경제공동체로 변하면서, 우린 달라지는 공간과 기억에 남는 장소를 오가며 살고 있다. 자주 장소 상실의 아픔을 견디면서 낯선 공간에 친숙해지지 않을 수 없다. 이런 가운데 낯섦이 친숙함으로 바뀌기도 한다.

　토머스 모어의 소설인『유토피아』는 농촌과 도시가 결코 따로 존재하는 것이 아니며, 나아가 농촌이야말로 축복받은 땅임을 그리고 있다. 예컨대 농촌에서 2년을 지낸 사람은 농촌에서 더 이상 살 수 없고, 의무적으로 도시로 들어가 살아야 한다. 이들이 떠난 농촌에는 도시에서 살았던 또 다른 사람이 와서 메우게 된다.

　이때 농민과 도시민을 한꺼번에 교체하면 식량공급에 차질이 생길 수 있으므로 일부씩 순차적으로 교대하도록 한다. 이것은 누구나 오래 있고 싶어 하는 농촌생활을 특정인들의 전유물이 되지 않게 하려는 것인데, 계속 농업에 종사하고 싶은 사람은 특별허가를 얻어야 몇 년간 더 살 수 있다.

이 소설에서는 도시에 사는 것은 의무이고, 농촌에 사는 것은 도시사람들이 누릴 수 있는 하나의 특권인 셈이다. 이런 매력들로 가득한 정읍의 옛 모습이 점차 사라지는 것을 반길 사람은 없을 것이다. 그렇다고 달라지는 정읍의 풍경에 무조건 불만을 갖는 것도 옳은 일은 아닐 것이다. 새로운 모습 또한 어느덧 마음에 남는 장소가 되는 것이 도시의 생태이다. 그럼에도 한 가지 분명한 것은 장소의 혼과 그에 대한 감각을 훼손하게 되면 우리의 내면이 빈곤해진다는 사실이다.

사람들은 느낌과 이야기가 있는 도시를 문화도시라고 한다. 정읍 사람들 가운데 간혹 자신이 살아가는 장소에 대한 애착이 덜하다고 말하는 이들이 없지 않다. 그동안 급격한 변화에 적응해온 탓일 것이다. 하지만 장소에 대한 사랑은 스스로 만들어가는 것이기도 하다. 장소 훼손이 장소에 대한 무감각에 기인하는 경우가 많다. 장소 상실이 가져올 정신의 빈곤을 예방하기 위한 노력을 게을리해서는 안 될 것이다.

필자가 '천년의 비밀, 정읍별곡'을 기획한 것은 먼저 우리가 사는 땅에 대한 사랑을 확인하자는 데 있다. 아울러 고향땅에 대한 애착의 열기가 더하기를 바라면서, 천년 사랑에 바탕을 둔 정읍 만들기 또한 간절한 염원이기도 하다. 그런 의미에서 천년의 비밀을 간직한 정읍스토리가 돌탑으로 쌓아진 장명등(長明燈)이기를 기원하며, 우리 정읍의 매력을 되살릴 수 있는 계기가 될 수 있기를 소망해본다.

2012년 3월 전성군

차례

프롤로그　4

제1부 스토리 마당 · 9

1. 천년의 사랑, 사부곡(思夫曲)과 함께하는 추억여행_11
2. 단풍나무의 변신은 무죄_21
3. 천상의 음률, 수제천(壽齊天)_31
4. 홍진에 묻힌 분네, 고현동 향약은 상춘곡을 싣고_36
5. 호남평야의 피라미드, 두승산_41
6. 드라마 동이, 숙빈 최씨_49
7. 9경(景) 중의 하나, 99칸의 고택, 김동수 가옥_52
8. 무병장수 십장생(十長生)마을, 대장금_56
9. 정읍 천곡사지 칠층석탑_63
10. 정읍 망제동 석불입상_65
11. 일곱 봉우리가 춤추고 계곡이 수려한 칠보산_68
12. 정읍의 전설, 족두리 바위와 신부_76
13. 정읍의 전설, 대우 스님과 극락조_81
14. 고려가요의 고향 이야기를 찾아서, 쌍화점_85
15. 정읍의 뿌리-정(井) 자 형 우물이 있는 정해마을_93
16. 전북의 의미, 정읍 무성서원_101
17. 입암산 산신령과 성웅 이순신_107

제2부 시인 마당 · 109

18. 엄마를 닮은 정읍의 향기, 신경숙_111
19. 추석에 들려주는 박형준 시인의 한가위별곡_116
20. '밀레'를 닮은 정읍 출신 '손세실리아' 시인_119
21. 정읍의 방정환, 이준관 시인_123
22. 50년 시력(詩歷)의 거장, 정읍이 낳은 장순하 시조시인_127
23. 정읍의 윤동주, 저항시인 박정만_132

24. 언어의 보석사, 정읍 출신 '강인한' 시인 _136
25. 민속공연학의 대가이자 교수, 김익두 시인 _140

제3부 인물 마당 · 145

26. 김제민 장군과 덕천 도계서원 _147
27. 최치원(崔致遠)과 유상대(流觴臺) _152
28. 한말 정읍의 항일 의병사 임병찬 _157
29. 새 세상 꿈꾸며 이름까지 바꾼 혁명가, 김개남 _161
30. 독립운동가 '백정기 의사'의 모든 것 _166
31. 조선 3대 명필, 이삼만 _185
32. 정읍이 낳은 현자, 안두승 _189
33. 의사천(義士泉)과 왜종동(倭終洞) _192
34. 기타, 정읍의 자랑스러운 인물 _196

01

스토리 마당

[1] 천년의 사랑, 사부곡(思夫曲)과 함께하는 추억여행

백제여인의 애틋한 사랑이 서린 정읍사 오솔길이 열렸다.

천년의 기다림이란 스토리텔링을 가미한 오솔길은 자연훼손을 최소화하고 문화 생태탐방으로써 또 하나의 테마 길로 정읍의 자랑거리가 될 것이다.

백제가요 「정읍사」의 이름에서도 알 수 있듯이 부부사랑을 바탕으로 보편적인 테마로 부부간의 만남, 사랑의 환희, 고뇌, 언약, 실천, 탄탄대로 길, 지킴의 길, 백년해로 등의 주제를 정하여 인생역정을 오솔길에 표현하여 나타냈다.

솔향기 느끼면서 오솔길로 들어가 보자.

정읍사는 백제 여인의 고향이다.
정읍사 공원에 오르면 늘 바람이 분다.
근원을 알 수 없는 길고도 가느다란 바람
마음속 깊은 심연을 적셔오는 흐느낌 같은 바람
정읍사 공원 계단을 한 발 한 발 올라본 사람이라면
이 바람의 정체를 짐작하리라.
그 바람은 바로 천년 세월을 건너 임을 그리워하던
백제 여인의 바람이다.
임이 장사를 하러 큰 고을을 떠났건, 위태로운 나라를 구하기 위해
전쟁터에 나갔건, 돌아오지 않는 사나이들에 대한 수많은 백제 여인
들의 그리움과 간절함은 사부가(思夫歌)가 되었다. 또한 비원의 노래가
되어 오랜 세월 속에서 돌이 되어 굳어갔다.
정읍에서 천년이 넘게 불린 백제시대의 가요, 바로 「정읍사(井邑詞)」
이다.

  들하 노피곰 도두샤,
  어긔야 머리곰 비취오시라.
  어긔야 어강됴리
  아으 다롱디리

  져재 녀러신고요.
  어긔야 즌 대랄 드대욜세라
  어긔야 어강됴리

어느이다 노코시라

어긔야 내 가논 대 졈그랄셰라

어긔야 어강됴리

아으 다롱디리

백제시대 정읍의 이름은 정촌현.

정촌현이 있었던 마을 이름은 정해(井海).

사람들은 이 마을을 샘 바다라고 불렀다.

샘(우물)이 바다를 이루고 있는 마을,

정해마을에는 그 당시부터 사용해왔던 큰 우물이 있다.

이 우물에서 정촌이 시작되었고, 정읍*이라는 도시의 이름이 시작되

* 정읍은 삼한시대 마한의 초산도비리국으로 추정되는 곳으로 백제 때 정촌현으로 불렸으며 남북국시대 경덕왕
16년(757)에 정촌현이 정읍현으로 개명됐다. 이때 전국적으로 행해진 행정구역 개편에 따라 우리말 지명이 중국
식 한자어로 바뀌었다. 당시 정읍현이 아주 작은 고을로 이웃 태산군의 영현으로 삼았다. 이후 초산군으로 개칭
(성지는 정읍 남초산봉)하였고 고려시대에는 고부군에 속해 있다가 후에 감무(고려 때 현령을 둘 수 없는 작은
현에 둔 감독관)를 두고 읍지를 정읍 장명동으로 이전하였다. 조선시대 선조 22년에는 현감으로 이순신 장군이
부임했다. 최초의 지명 자료인 『호구총수』에는 고부 면 19, 리 241, 태인은 면 17, 리 160, 정읍은 면 8, 리
151로 기록되어 있어 당시에는 가장 작은 현이었다는 것을 알 수 있다. 고종 32년에 전주부 정읍군으로 되었고
1914년 행정구역 개편 때 고부군 18개 면 중 15개 면과 태인군 일대를 병합하여 정읍면이라 하였으며 1930년
1월 1일 정읍면을 정주면으로 개칭하였다가 1931년 4월 1일 읍으로 승격하면서 정주읍이라 하였다. 1981년 7
월 1일 자로 정주읍이 정주시로 승격되었다. 또한 정읍군과 정주시가 1995년 1월 1일 통합 정읍시로 거듭 태어
났다. 유래는 정촌현의 위치가 현 정읍시 과교동의 정해마을에 있었으므로 이에 따라 정촌, 정읍이라 하였다. 정
촌은 샘마을의 한자표기이며 샘 바다 마을 앞에는 큰 마을 샘으로 부르는 물터가 있어 지금도 물이 나오고 있다.
정해라는 마을 이름은 이와 같이 수질이 좋고 물이 많아 샘을 아무 곳에서나 팔수 있다는 데서 나온 지명으로
전해지고 있다. 또한 정읍을 본관으로 하는 '우물 정' 정씨 성이 한때 있었던 것으로 보여 이 고장에 사는 사람
들의 자긍심을 한껏 높여주고 있다. 『세종실록지리지』나 『신증동국여지승람』에 그 기록이 남아 있으나 현재는
찾아볼 수 없다. 정읍은 칠보산에서 뻗어 내린 주산인 성황산과 내장산, 망해봉의 여맥인 초산봉, 그리고 입암산
조령에서의 농산지맥 등 세 가닥의 산맥이 동남의 지세를 형성하고 있으며 서쪽으로는 노령의 한 가닥 지맥이
율현을 지나 국사봉에 머물러 구릉을 이루고 북으로 뻗어 야지에 두승산을 이루며 그 여맥이 다시 동북으로 뻗
어 망해봉을 이루고 있다. 이와 함께 풍수로 정읍을 살펴보면 세간에 오수지리설이라는 풍수이야기가 자주 등장
하는데, 고을 터가 주산인 성황산보다 안산이 초산이 높아서 상대적으로 객지에서 들어오는 사람들이 번성한다
는 이야기다. 또한 정읍의 주변 산들은 다섯 짐승이 서로 바라보는 형국을 하고 있는데, 성황산(동초등 우측으로)
은 엎드려 있는 호랑이, 두락산은 고양이, 샘골다리 앞산은 개, 초산(아양봉 옆 산)은 쥐, 아양봉(관통도로 뒷산)
은 사자 혹은 코끼리에 비유한다. 이들 다섯 동물들은 서로 상극으로 견제를 하는데 개는 호랑이가, 호랑이는 사
자가, 코끼리는 쥐가, 쥐는 고양이가, 고양이는 개가 견제한다는 것이다. 따라서 성황산의 복호혈, 죽림동(샘골다
리 앞 동네)의 소구망월(개가 달을 바라보는 형국), 초산의 노서하전(늙은 쥐가 밭에서 내려오는 형국으로 부귀안
락하고 자손이 번창할 명당)은 풍수가들의 발길을 자극하고 있다. 수성동의 '방죽 모탱이'는 구세군 교회 앞에
있으며 교회 위에는 조선 성종 때 무과에 급제하여 병사를 지낸 임홍의 비인 임병사비가 있는데 이 방죽 모탱이
와 관련된 유래를 살펴보면 조선시대 정읍에 부임하는 수령마다 부정한 사건을 임기를 다 채우지 못하고 파
면되는 경우가 많았다. 그 이유를 동헌과 정면으로 마주보고 있는 임병사의 비에 있는 것으로 보고 이 비를 철
거해야겠다고 생각했으나 서민도 아닌 병사의 비를 함부로 철거할 수 없어서 궁여지책으로 비의 동쪽에 있는 흙
을 퍼 올려 동헌에서 보이지 않게 하였다. 이에 따라 이곳이 자연방죽으로 변하게 되었고 1920년 학교가 들어

었다.

그리고 그 우물곁에는 300년 이상을 몸 붙여 살아온 두 그루의 나무
가 있다.

정해마을 사람들은 이 나무를 '부부나무'라 이름 지었다.

정촌 현에서 십리나 떨어진 아양동 고갯마루에 올라 임을 그리다 망
부석상이 되어간 백제 여인은 수백 년이 지나 정촌 현, 임을 보낸 그 자
리에서 나무로 환생한다.

　　어긔야 어강됴리
　　아으 다롱디리

수백 년간 우여곡절을 겪으면서도 포옹을 풀지 않는다. 벼락이 내리
치고 태풍이 몰아쳐도 떨어질 수 없는 사랑이다. 그들을 든든하게 지켜

서면서 방죽은 없어졌다. 장명동의 '말고개', 1920년 국도를 개설하면서 생긴 고개. 『한국지명총람』의 전북 편
하에는 임진란 때 이씨라는 사람이 의병을 일으켜 왜병을 전멸시켰으며 우마의 공동묘지가 있었다 하여 유래된
지명으로 쓰여 있으나 임진란은 정유재란을 잘못 기재한 것이고 이씨는 이환과 이허량을 지칭하고 있는 것으로
내다보이며 구전에 의하면 일제 때 소와 말이 죽으면 여기에 다 묻었다 하여 유래된 지명이라고 한다. 또한 말
뼈를 삶아서 마시면 여자들의 폐병에 주효하다 하여 죽은 말을 다시 파냈기 때문에 석유를 뿌리기도 했다고 전
해오고 있으며 일제 때 정읍의 혈맥을 자르기 위해 이곳에 길을 냈다는 이야기도 전해 내려오고 있다. 내장상동
의 '땀띠방죽'은 자연 용출해서 흘러내리는 물로 현재 중앙프라자 뒤편에 있었다. 물이 시원하고 차가워서 땀띠
난 사람들이 목욕을 하면 땀띠가 없어졌기 때문에 유래된 지명이다. 1950년까지 있었다고 하는데 지금은 주택
가가 자리하고 있다. 시기동의 '당고개'는 호구 총수에서 당고치라 기록되어 있다. 단이 있었던 고개라는 뜻에서
단고개가 당고개로 불러졌다. 당고개에 있었다고 하는 단은 사직단으로 국사단에서는 국토신을 모시고, 국직단
은 오곡신을 대상으로 국가가 제사를 지내는 곳이다. 호남지에도 현 서쪽에 있으며 사는 토지신, 직은 곡식신으
로 춘추분상술일(2, 8월)에 제사를 지낸다고 되어 있다. 즉 왕이 토지신인 사와 곡식신인 직에게 제사하는 사당
으로 우리나라에서는 신라 선덕왕 783년에 최초로 세워졌으며 고구려 고국양왕, 고려 성종, 조선 태조 때 사직
단을 세워 제사를 지냈다는 기록이 있다. 이 사직단은 현아의 서쪽에 세우는 것이 관례로 동헌의 서편에 당고개
가 있었다. 우리 고장의 당고개는 일제 때 혈맥을 끊기 위해 국도를 냈다는 설도 있으며, 광주로 가는 길은 아양
동 고개에서 새재로 가는 길이 최단거리임을 감안할 때 일리가 있는 이야기다. 연지동의 '잔다리목'은 고창, 부
안과 정우, 신태인 방면으로 가는 사거리 입구로 예전에 작은 다리가 있었다 하여 붙여진 이름이다. 정읍천의 연
지교를 큰 다리라 부르기 때문에 이곳을 작은 다리라 칭한다. 이 잔다리는 작은 다리의 관습음에서 온 호칭이라
고 할 수 있다. 그러나 잔다리는 50년대까지 나무로 되어 있었고 60년대에 시멘트로 교체되었다가 80년대에 도
로확장 공사를 하면서 없어졌기 때문에 지난 시멘트 다리를 보고 이야기하는 것으로 보인다. 농소동 '여시바우'
를 보면 부례마을 뒷산의 한 평 이상 되는 널찍하고 반듯한 바위로 그 밑에 여우가 살았다는 구전이 있어 여시
바우라 불린다. 일제 때 철도공사를 하면서 바위 일부가 떼어 나갔다. 상평동은 '와우등, 똥메'는 음성마을 뒷산
으로 산세가 소의 형국을 하고 있다 해서 유래되었다. 똥메는 음성마을 동편 산으로 옛날에 서당이 있었다고 하
며 연방죽도 있었지만 1910년대에 없어지고 현재는 논이 되었다. 상평동으로 가는 길을 내면서부터 한쪽 모퉁
이가 떨어져 나가 똥메라고 불리운다.

주는 나무들도 있다.

　약간 거리를 두고 서 있기도 하고, 모정 가에서 서로 어깨를 기대고 서 있기도 하다. 정해 마을 사람들은 이 나무들에게도 이름을 주었다. 형제나무와 약수나무다. 천년을 넘게 이들의 사랑은 지속되었다.

　이들을 기리기 위해 정읍사에서는 내장산 단풍이 곱게 물드는 10월 정읍사 축제를 개최한다. 스마트 폰으로 사랑을 전하고, 페이스 북으로 사랑이 끝났음을 통고하는 초고속 SNS의 시대, 천년이라는 시공을 초월하여 지켜온 지고지순한 사랑을 만나고 싶으면 정읍 정해 마을 우물가 부부나무를 찾아볼 일이다. 부부나무에 두 팔을 살며시 감고 그들의 그리움과 애절함으로 걸었을 정읍사 공원까지 십 리 길을 한번 따라 걸어보는 것은 어떨까.

　이왕이면 달밤이면 더 좋겠다.

　　달하 노피곰 도다샤
　　어긔야 머리곰 비취오시라

　사람이 사랑을 절실히 느끼고 그리움에 사무치게 되면 노래가 절로 나온다. 평소 저속한 노랫말들도 고고하게 자신의 마음을 대변해준다. 백제시대에도 바로 그렇게 노래가 흘러나오지 않았을까.

　비단 정읍의 여인만이 아니었을 것이다. 이웃 동네 고창에도 백제가요 '선운산가'가 있다. 비록 가사는 전하지 않지만 전쟁 나간 남편을 그리는 여인의 노래였다고 한다. 그렇게 정읍사라는 가요는 모든 백제 여인들의 비원과 애련을 담아 마음과 마음속에서 천년을 전해져 왔으리라.

정해 마을에서 내장산을 향해 천천히 자동차로 달리다 보면 초산봉 능선에 아름다운 미녀의 모습이 나타난다. 오뚝한 콧날과 동그란 이마, 고운 턱선, 그리고 볼록한 가슴까지 영락없는 여인의 모습이다.

어디서 이렇게 아름다운 여인이 갑자기 나타나 정읍 사람들의 눈에 띄게 된 것일까, 정읍 사람들은 이 모습을 천년 동안 사랑을 기다리던 정읍사 여인의 헌신이라고 믿는다. 돌아오지 않는 임에 대한 그리움이 사무쳐 이제 좀 더 편안한 자세로 임을 기다리기로 한 것인가, 내장산 줄기에 누운 여인의 표정은 그윽하면서도 편안하다.

다정한 연인들이 누워 있는 여인을 배경으로 사진을 찍는 모습이 정겹다. 영원한 사랑을 맹세하는 연인들에게 이곳은 새로운 포토존의 명소로 떠오르고 있다. 비단 연인들뿐만이 아니다. 가족들과 친구들에게도 그녀는 큰 품으로 다정한 벗이 되어준다. 이제 정읍사 여인은 내장산이라는 아름다운 산줄기에 누워 정읍을 찾아오는 모든 여행객들에게 사랑의 영원함과 고귀함을 전하는 사랑의 메신저가 된 것이다.

아울러 정읍에는 아름드리 소나무 향기를 맡으며 걸을 수 있는 백제 가요 정읍사 오솔길이 있다.

이 오솔길은 아양 고개에서 월영마을까지 이어지는 6.8km의 정감 넘치는 산책길이다. 이 길을 걷다 보면 백제 정읍사 여인의 이야기, 머리 없은 바위, 옥녀봉 등을 비롯한 여러 전설을 만날 수 있고 생태 습지 식물군락지도 지나게 된다. 또한 만남의 길, 연인 업어주는 길, 지킴이의 길 등 다양한 주제의 오솔길들도 체험할 수 있다.

오솔길이 처음 시작되는 아양동 고개는 큰 고개, 아요현, 장구넘이 재, 서낭당 고개 등 여러 이름으로 불리고, 오른편에 있는 아양산은 코끼리를 닮았다 하여 '코끼리산'이라고도 한다. 중턱에는 정읍사 공원이 있고,

위쪽에는 상아탑의 전당 전북과학대학교가 자리하고 있다.

　두 번째 안내판이 있는 곳에서 북쪽으로 보이는 종산마을 뒷산인 종산(鐘山)은 둥둥뫼라고 하는데 정읍천 건너 칠보산 자락의 옥녀봉과 깊은 관련이 있다. 풍수지리설에 의하면 금붕동 금북마을(검듸)의 옥녀봉은 옥녀탄금형에 해당되는 옥녀봉에서 거문고를 연주하면서 맞은 편 종산에서 '둥둥' 쇠북을 울려 화답한다는 전설이 내려온다.

　이런 전설 덕분인지 산 아래쪽에 정읍우도농악 전수관이 들어섰다. 가야금 소리와 더불어 우도농악의 일 번지 정읍농악이 세계음악으로 비상하는 자리이다. 가야금과 농악이 어우러진 길을 걷다 보면 천상을 걷는 듯한 느낌에 빠져들게 된다.

　세 번째 안내판 바로 아래로 송산동 송학마을이 보이고 멀리로 호암 정맥의 고당산과 망태봉 그리고 칠보산 줄기가 바라보인다. 이 지점에서는 다음과 같은 곳들을 조망할 수 있다.

귀양실재: 정읍천의 지류인 조곡천의 발원지이고 그 너머에 구량마을이 있다.

옥녀봉: 칠보산 자락으로 풍수지리상으로 옥녀탄금형(거문고)에 해당하는 자리이다.

칠보산: 정읍의 진산이며 높이에 비해 골이 깊어 예로부터 피난 골로 이용되었다. 정상에 족두리 바위가 있다.

검듸: 옥녀봉의 뒤쪽, 즉 거문고의 뒤쪽이라는 의미로 검듸라는 마을이 되었다.

안현: 말 허리의 안장 모습으로 질마재라고 하며 금붕동 금북마을 뒤편 고개이다.

두주막거리(쌍점): 옛날 순창의 복흥, 쌍치 사람들이 정읍 장을 보고 쉬어 갔던 쉼터로 주막이 있었다. 일제시대 이후에는 맘보춤을 추는 곳이라 해서 맘보장이라고 불렀다.

네 번째 안내판에서 재미있는 전설을 가진 바위를 만날 수 있다. 주변이 모두 부드러운 흙인데 유독 불쑥 솟은 이 바위는 '머리 얹은 바우'이다. 예전의 아녀자들이 시집갈 때 머리를 올린 모습과 비슷해서 붙여진 이름이다.

항간에는 생긴 모양이 옛 여인들이 타고 다니던 가마 같다고 해서 '가마바우'나 '인력거바우'로 불리기도 한다. 위에 올려진 바위가 규모가 커서 사람들이 나무하러 갔다가 바위 그늘에서 쉬었다가 내려오곤 했다. 숲 속에서 조용히 지내던 바위가 오솔길이 생긴 뒤로 사람들에게 널리 알려져 두꺼비 형상을 닮았다고 해서 두꺼비 바위로도 불리며 사람들의 사랑을 받고 있다.

또한 이 길을 따라가다 보면 다정한 연인과 사랑을 확인하는 재미있는 코스를 체험하게 된다.

제1구간 만남의 길

당신과 나의 만남은 얼마나 소중한가요.
당신을 만나기 전 나의 삶은 아무런 의미가 없었습니다.
당신을 만나고 내 삶은 풋사랑과 같은 새로움의 시작입니다.
이제 당신과 나는 한곳을 바라보며 새로운 출발을 시작합니다.
한 번도 가본 적이 없는 이 길,
이 신선하고 풋풋한 숲의 향기
당신과 함께 시작하기에 얼마나 기쁘고 설레는지요.

제2구간 환희의 길

나는 이제 하늘을 나는 것 같아요.
당신의 사랑을 얻었기에 내 마음속엔 환희가 샘솟아 올라요.
당신이 내밀어주는 손을 잡으면
내 심장이 요동치기 시작하는군요.
우리 함께 가는 이 길, 앙증맞은 꽃들을 한번 바라보아요.
모두 수줍게 우리를 축복하고 있어요.
이렇게 기쁜 날 내 생애 처음입니다.

제3구간 고뇌의 길

당신을 만난 것은 함께 고통을 나누는 것이지요.
우리의 삶에 어찌 기쁨의 선물만 가득하겠어요.
때로는 고통의 삶을 달려가야 하고
때로는 해일이 말려오는 파도의 끝에서 서 있기도 하겠지요.
그러나 당신이 곁에 있음으로 해서
나는 이제 두려움이 없어요.
삶이 아무리 고달프다 하더라도.

제4구간 언약의 길

이제 우리 다시 손을 잡아요.
다시는 이 손을 놓지 말아요.
이제 난 말할 수 있어요.
당신을 영원히 사랑합니다.
아 숲길에서 자물쇠를 걸고 맹세하노니

당신은 온전한 내 전부입니다.
당신은 내 삶의 오롯한 우주입니다.

제5구간 실천의 길

이제 나는 당신을 위해 살아가렵니다.
이 사랑의 성벽 길에서 이제 나를 업어주세요.
당신의 등에 업혀 당신의 알싸한 체취를 맡으며
나는 진정한 우리 사랑의 의미를 간직하렵니다.
당신이 나를 내려놓으면 내가 당신의 입술에 키스할게요.
새벽이슬 같은 청초한 입맞춤으로
우리의 사랑은 무한한 영원으로 이어지겠지요.

제6구간 탄탄대로의 길

당신도 이 솔숲의 향이 느껴지나요?
아름드리 소나무들이 이루어 놓은 나이테처럼
우리의 사랑도 이렇게 해가 갈수록
겹겹이 쌓이고 단단해지겠지요.
당신과 나란히 팔짱을 끼고 걷는 이 소나무 숲길을
천년 전 정읍사의 연인들도 걸었을 테고요.
이렇게 우리의 사랑도 천년을 이어가겠지요.

제7구간 지킴의 길

세상의 두려운 일 우리 앞을 가로막아도
내가 당신을 지켜줄게요.
하늘이 우리를 갈라놓을 때까지
시간이 우리의 사랑을 정지시킬 때까지
나는 당신의 그림자가 될 것입니다.
그것은 서로를 위한 희생이 아니라
서로의 삶을 가득 채우는 온전한 사랑의 완성이랍니다.

이와 같은 다채로운 체험과 함께 다정한 연인 또는 친구나 가족끼리 걷는 솔향기 가득한 이 숲길은 정읍의 새로운 명소로 각광을 받고 있다.

[2] 단풍나무의 변신은 무죄

　정읍지역 대표적인 산으로 노령산맥 줄기인 내장산, 입암산,** 방장산
등이 있다. 이 산들은 단풍으로 유명하다. 특히 내장산 단풍나무의 변신
은 무죄이다. 봄 단풍잎이 어린 아기 재롱 같다면 여름 단풍은 진초록의
성숙한 여인 같으며, 가을 단풍잎은 흠뻑 빠져들고 싶은 붉은 유혹의 절
정이다. 그뿐만 아니다. 눈 덮인 겨울 단풍나무 숲은 하얀 밍크 옷으로
단장한 여배우 같은 매혹으로 다가온다. 어느 계절 하나 쉽사리 내려놓

** 626m의 입암산 꼭대기에는 분지가 널따랗게 펼쳐져 있다. 산 정상이라고 느껴지지 않을 만큼 놀라운 광경이다.
아래서 바라보기에는 수백 길 절벽 같은 바위산인데 이런 평지가 펼쳐진다. 그 평지 위에 입암산성이 자리하고
있다. 어른의 키로 두 배쯤 되는 높이의 석성의 남문과 북문이 위용을 자랑한다. 삼한시대부터 이 성이 있었다
고 하니 이 지역이 호남의 요새로서 아주 중요했다는 이야기다. 깎아지른 듯한 암벽 위에 능선을 따라 석성이
빙 둘러져 있다. 능선을 따라 쌓아올린 산성을 포곡식 산성이라 한다. 원래 길이는 5km가 넘었다고 하는데 현
재는 3.2km 정도가 남아 있다. 연못과 샘 등을 잘 갖추고 있어 장기간 전투를 벌일 수 있는 천혜의 요새였다.
지금까지 크게 훼손되지 않고 남아 있는 남북의 큰 두 개의 성터는 당시의 웅장했던 산성의 모습을 짐작케 한
다. 일찍이 산 정상의 서쪽 갓바위에는 후백제 견훤의 눈물이 흩뿌려졌다. 왕건에게 나주를 빼앗긴 직후였다.
고려 말 몽고군의 6차 침입 시에는 송군비 장군이 몽고군을 성안으로 유인하여 크게 격파하였다. 정유재란 때
에는 가족과 함께 성을 지키는 별장이란 벼슬을 받은 윤진 장군이 왜군을 맞아 싸우다 장렬히 전사한 안타까운
곳이기도 하다. 동학혁명의 막바지 무렵 태인 전투에서 패한 전봉준이 후일을 도모하기 위해 이 성에 잠시 머물
기도 했는데 이 성을 지키던 별장 이종록이 전봉준을 체포하지 않고 오히려 몰래 피신시켜주기도 했다. 당시
한 시대의 영웅을 대하는 사람들의 태도를 엿볼 수 있는 대목이기도 하다. 이와 같이 입암산성은 오랜 세월을
통하여 통한과 아픔을 간직한 역사의 현장이다. 고난의 역사 현장은 그저 따라 걷기만 하여도 마음에 수양이
되고 공부가 된다. 입암산성에 오르는 길은 정읍과 장성 두 코스가 있는데 정읍 입암면 하부리 만화 저수지 위
계곡 길을 따라가면 산성의 북문 쪽으로 오르게 된다. 약간 경사가 가파르기는 하지만 정읍 쪽으로 확 트여진
풍경을 볼 수 있어 산에 오르는 맛을 느낄 수 있는 코스이기도 하다. 가을 단풍 경치도 좋고 눈 덮인 겨울 등산
도 운치가 있다.

기 아쉬운 절경들을 이루고 있다.

　이 같은 내장산 사계절의 매력에 취해본 사람이면 다시 내장산을 찾지 않고는 못 견딘다고 한다.

　단풍나무와의 대화를 잠시 벗어나 내장사 앞 반야교 앞에서 걸음을 멈추면, 세 종류의 나무들이 한 지붕에 사이좋게 둥지를 틀고 있다. 내장산의 숲 해설가들은 이 나무를 '한 지붕 세 가족 나무'라 부른다. 먼저 눈에 들어오는 광경은 부부처럼 뿌리를 맞댄 참빗살나무와 느티나무이다. 그렇게 다정하게 자라는 두 나무 중 덩치가 큰 느티나무 어깨쯤에 신기하게도 단풍나무가 뿌리를 내렸다. 마치 자식처럼 여겨진다. 보통 연리지(連理枝)는 서로 가지를 맞대고 있는 경우가 많지만 이 단풍나무는 아예 느티나무 기둥에 온전히 몸을 얹었다. 내장산이 하도 영험이 높은 산이다 보니 나무들도 조화를 부렸나 보다. 한 지붕 세 가족 나무는 근래에 발견되어 내장산을 오가는 사람들의 발길을 잡는 새로운 명물이 되고 있다.

　다리를 건너면 내장사이다. 내장사는 원래 백제 무왕 때 영은사라는 이름으로 창건된 오래된 절이지만 한국전쟁 당시 불타버렸고 현재의 대웅전은 정읍 대흥리의 궁궐이라 불렸던 보천교***의 보화문을 옮겨와서

*** 증산교(甑山敎)의 일파인 보천교(普天敎)의 창시자는 차경석이다. 호는 월곡(月谷). 초기에는 동학교도로서 동학운동에 가담했다가 동학이 천도교(天道敎)로 개편된 이후에는 전라도 순회관(巡會官)을 지내기도 했다. 1907년 증산교의 창시자인 강일순(姜一淳)을 만난 후 증산교에 입교했다. 그 후 자신의 이종누이인 고판례(高判禮)를 강일순의 수부(首婦 : 교주의 부인)로 천거했다. 1909년 강일순이 죽자 전국을 순회하면서 수도생활에 전념했다. 1911년 강일순의 부인이자 자신의 이종누이였던 고부인이 증산탄신기념치성(甑山誕辰紀念致誠) 도중 증산의 영(靈)에 감응되었다는 소문이 돌았다. 이때 많은 교인들은 고부인에게 증산의 가르침이 이어졌다고 보고 고부인을 교주로 삼았다.
　이렇게 해서 선도교(仙道敎)라고 하는 증산교 최초의 교단이 형성되었다. 그러나 고부인은 새로 형성된 교단을 이끌 지도력이 부족했기 때문에 차경석이 점차 교단을 장악해갔다. 그리하여 마침내 1918년 많은 신도들이 고부인을 따라 교단을 탈퇴함으로써 차경석은 사실상의 교주가 되었다. 그는 1920년부터 교단을 재정비하기 시작하여 전국의 신도를 60방주(方主)로 조직하고, 스스로를 동방연맹(東方聯盟)의 맹주로 자처했다. 그리고

새로 지었다. 그런 연유로 전국에서 유일하게 내장사 대웅전 기둥만이 목재 기둥이 아닌 돌기둥이다. 그런데 원래는 2층 건물이었던 보화문을 일 층으로 고쳐 지었기 때문에 돌기둥과 나무기둥의 연결이 매끄럽지 않다는 것을 느낄 수가 있다. 대웅전 돌기둥에 손바닥을 살며시 얹으니 100여 년 전 육백만에 달했던 보천교도들의 후천개벽의 염원이 느껴지는 듯하다.

1768년 조선시대에 제작된 조선 동종도 감탄을 자아낸다. 이 종은 원래 전남 보림사에 있던 것을 내장사가 증수될 때 옮겨왔다고 한다. 일제시대에 놋쇠의 공출을 피하기 위해 원적암에 숨겨 놓기도 하고, 6·25 때는 정읍 시내 포교당에 감춰 무사히 화를 피했다는 사연을 가진 종이다.

내장사를 돌아보고 나와 계곡을 따라 오른쪽으로 올라가는 산길은 천국의 계단처럼 느껴지는 길이다. 맑은 계곡물과 손대지 않은 원시의 자연이 가슴을 열고 방문객을 맞는다. 국립공원의 좋은 점이 개발을 최대로 억제한다는 것, 개발되지 않아서 느끼는 불편은 태고의 자연을 맛볼 수 있다는 것으로 충분히 보상 받을 수 있다.

단풍나무, 고로쇠나무, 떡갈나무, 층층나무 등 온갖 나무들이 향연을 벌인다. 삼백 년 넘은 모과나무도 있다. 이렇게 주변의 나무들과 숲의

조선은 다가올 세계통일의 주역이 될 것이라고 예언하기도 했다. 1921년에는 일본경찰의 삼엄한 경비를 뚫고 경상남도 황석산(黃石山)에서 천제(天祭)를 드렸다. 이때 국호(國號)를 '시국(時國)'이라고 했고, 교명(敎名)을 '보화교(普化敎)'라고 정했다. 또 자신이 천자(天子)로 등극(登極)할 것이라고 선언했기 때문에 당시의 많은 사람들은 그를 차천자(車天子)라고 불렀다. 1922년 서울특별시 종로구 창신동에 보천교라는 간판을 달았다. 이때부터 교명이 보천교라고 알려졌다.

당시 보천교의 교세는 매우 확대되어 간부급만도 50만 명을 넘었고 일반신도는 600만 명이 넘었다고 한다. 이처럼 교세가 커지자 일제는 보천교에 대한 감시와 회유책을 병행했다. 그 결과 보천교 내에는 시국대동단(時國大同團)이 조직되어 친일활동을 하게 되었다. 이 단체는 전국을 순회하면서 일제의 논리인 대동아(大東亞) 단결을 국민들에게 호소했다. 그 후 전시체제가 더욱 악화되면서 일제의 종교탄압이 강화되었다. 이때 나온 유사종교해산령(類似宗敎解散令)에 의해 보천교 교단 자체가 해체되었다.

풍경에 정신이 팔려 길을 따라가다 보면 작은 암자가 나온다. 원적암이다. 한때는 큰 암자였다고 하나 지금은 말 그대로 적막한 암자이다. 이 주변에 유명한 비자림 숲이 있다. 한겨울에 하얗게 눈을 머리에 이고 서 있는 진초록의 비자림 숲은 가히 절경이다.

이곳 비자림 역시 천연기념물로 지정되었고, 내장산이 북한계선이라 한다. 가을이 되면서 도토리만 한 열매가 붉은 자주색으로 달리는데, 예부터 구충제나 식용기름으로 사용되었고 또는 호롱불을 밝히는 기름으로도 쓰였다. 목재는 무늬가 좋고 재질이 뛰어나 바둑판이나 고급가구를 만드는 데 쓰인다.

비자림과의 대화를 뒤로 하고 숲길을 따라 조금만 더 걸으면 너덜겅 지역이 나온다. 너덜겅이란 바위산이 오랜 세월과 침식으로 잘게 부서지면서 작고 넓적한 돌들이 비탈을 이루며 수북이 쌓인 지역을 말한다. 이렇게 해서 생긴 돌길이 유명한 사랑의 다리(딸깍 다리)이다. 이 돌길을 소리 나지 않게 걸으면 사랑이 이루어지고 귀한 자식을 얻는다고 한다. 이 다리에는 또 다른 사랑의 전설도 있다.

원적암의 비구니와 백련암의 비구가 서로 사랑을 하게 되었다. 낮에는 사랑을 속삭일 수 없는 처지였기에 두 사람은 밤에만 사람들 몰래 사랑을 나눌 수밖에 없었다. 두 사람이 만나기 위해서는 반드시 이 딸깍 다리를 건너야만 했다. 그런데 이 다리를 지나기만 하면 딸각 소리가 나고 그 소리가 나면 큰 호랑이가 나타나서 길을 가로막는 것이었다. 결국 이 두 사람은 딸깍 다리를 건너지 못해서 사랑을 이루지 못했다는 안타까운 전설이다.

굽이를 두어 개 지나면 벽련암이 나타난다. 원래 내장사가 있었던 곳이다. 뒤에 서래봉을 배경으로 하고 앞마당에는 백련 연못이 있다. 백련이 핀 암자라서 원래 이름은 백련사였다고 한다. 연못에는 여전히 희고 우아한 백련이 자태를 뽐낸다. 벽련암은 암자라는 이름과는 달리 큰 절이다. 입구에 문루를 세워 놓았고 그곳에 대나무 평상을 펼쳐두었다. 벽련사 스님들의 여유이리라. 굵은 대나무 평상으로 시원한 산바람이 내려온다. 등줄기에 흐르던 땀이 말끔히 가신다.

대나무 평상에 누워보니 정말 세상이 다르게 보인다. 하늘은 바다이고 기암괴석의 서래봉은 물속에 떠 있는 풍경화이다. 시간이 허락한다면 시원한 바람 맞으며 낮잠을 한잠 자는 것도 좋을 듯하다. 벽련암에서 조금만 더 내려오면 내장사 입구의 일주문이다.

이 생태탐방 코스 외에도 내장산을 즐기는 방법은 많다. 내장사를 왼쪽으로 돌아 용굴 쪽으로 올라가는 금선계곡 길은 내장산의 숨은 비경을 맛볼 수 있는 코스인데 내장이라는 이름에 걸맞게 꼭꼭 감추어진 길이다. 용굴, 신선문, 금선폭포 등 전혀 예상치 못했던 놀라운 풍경이 펼쳐진다. 이 아름다운 풍광 속에 위치한 용굴은 조선왕조실록을 보존했던 명소로서 각광받고 있다. 내장산을 길게 둘러보고 싶은 사람은 내장산의 8봉우리를 종주하면 된다. 일주문에서 시작하여 서래봉, 불출봉, 망해봉, 연지봉, 까치봉을 거쳐 가장 높은 봉우리인 신선봉, 연자봉, 장군봉을 거쳐 내려오는 코스이다. 7~8시간이 걸리는 긴 코스이기에 등산에 익숙한 사람들에게 추천할 만한 코스이다. 시간이 넉넉지 않은 경우에는 코스를 줄여 일주문에서 서래봉 원적암까지, 또는 일주문에서 용굴, 신선봉, 까치봉, 이런 식으로 3~4시간 정도의 등산코스는 얼마든지 즐길 수 있다.

　노산 이은상은 「내장산」이라는 시에서 "내장산 골짜구니 돌벼래 위에/불타는 가을단풍 자랑 말아라/신선봉 등 너머로 눈 퍼붓는 날/비자림 푸른 숲이 더 좋다구나"라고 했다. 가을 단풍이 좋으면 봄 신록도 좋은 법. 밑에서 싹을 틔운 잎사귀는 점점 위쪽으로 매서운 속도로 초록으로 갈아입는다. 이 잎사귀는 가을이면 진홍색 물감을 뿌리면서 사람들을 유혹할 것이다. 연두색 산줄기 위에는 소나무 몇 그루에 의존한 능선이 뒤태를 고스란히 드리우고 있다. 정읍시 남쪽에 자리 잡고 있는 내장산은 순창군과 경계를 이루는 해발 600~700m급의 기암괴석이 말발굽형의 능선을 그리고 있다. 원래 이름은 영은산이었는데, 촘촘히 굴곡진 계곡이 양(羊)의 창자와 비슷해 많은 인파가 몰려와도 계곡 속에 들어가면 잘 보이지 않아, 마치 양의 내장 속에 숨어 들어간 것 같다 하여 내장산으로 불리게 됐다. 동국여지승람에는 남원 지리산, 영암 월출산, 장흥 천관산, 부안 능가산과 함께 호남의 5대 명산으로 꼽힌다. 최고봉인 신선봉(神仙峰·763m)을 주봉으로 서래봉, 연지봉, 연자봉, 장군봉 등이 내장사를 병풍처럼 둘러싸고 있으며 내장사, 원적암, 벽련암 등 크고 작은 사찰이 있다. 내장사 북쪽의 기묘한 바위 봉우리는 서래봉(西來峰)으로 논과 밭을 고르는 옛 농기구인 써레를 닮았다고 해서 써래봉이라고도 한다. 약 1.1㎞의 기암괴석이 뾰족뾰족 솟아 있어 눈길을 끈다. 신선봉은 봉우리가 수려하고 계곡이 깊고 아름답다. 불출봉(拂出峰)은 어느 신선의 신비한 옷자락인 양 자국이 깔려 있는 구름 안개로 유명하다. 그곳에서 우리는 더 깊이 사랑한다. 하늘에서 하얀 눈꽃송이를 은빛 나뭇가지 꼭대기에 내려주시는 겨울을 만드는 신선이 싸늘한 우리 마음의 들판에 사랑의 씨앗을 뿌려주고 있다.

특히, 한겨울에는 바위절벽을 감싸고도는 아름다운 설경이 오가는 사람들을 감동시킨다. 새하얀 설산(雪山)은 현대인의 눈과 마음을 동시에 빼앗음으로써 삶의 속도를 선택할 수 있게 한다. 그래서 속도는 자신이 선택하는 것임과 자신이 선택한 속도에 따라 세상이 달라질 수 있음을 깨닫게 될 것이다. 어머니 품속 같은 겨울 굴거리나무 아래 덥석 누워 있다 보면 바람 지나가는 소리가 사람들 지나가는 소리만큼이나 선명하게 들리고, 머리 위로 보이는 굴거리나무 가지에는 하얗게 불태우는 은빛 향연이 세속에 찌든 귀를 맑게 씻어준다.

내장산의 겨울은 천사의 고향이다.
'산속에 숨겨진 것이 무궁무진하다' 하여 이름 붙여진 내장산(內藏山). 가을이면 온통 선홍빛 단풍으로 지천을 물들이는 내장산은 찾는 이의 가슴에 진한 추억을 남긴다. 그곳에서 우리는 더욱 깨끗해진다. 하늘에서 눈꽃 천사들이 바람 타고 쏟아져 내려와 파르르 떠는 나뭇가지에 살짝 옷을 입혔다. 온 동네가 천사가 그려낸 그림 같다. 특히, 이 겨울에는 바위 절벽을 감싸고도는 아름다운 설경이 오가는 사람들을 감동시킨다.

내장산의 겨울은 산타의 고향이다.

겨울의 내장산에는 유별나게 눈이 많이 내린다. 중국에서 발달한 한랭전선이 서해 상공의 따뜻한 기류의 영향을 받아 눈구름으로 변하면서 서해안 내륙으로 진입하고 내장산에 막혀 엄청난 양의 눈을 뿌린다. 해마다 연초에는 60㎝가 넘는 적설량을 기록해 입산을 통제할 정도이다. 눈이 많은 내장산은 단풍철의 혼잡과 달리 천년 사찰 내장사와 부속암자인 벽련암, 원적암, 도덕암 등의 풍경 소리만 고요를 깨는 설국이 된다. 빨간 단풍에 취한 행락객의 시끌벅적했던 가을 내장산이 하얀 소복 차림의 단아한 모습으로 변신한다. 그곳에서 우리는 선물을 고른다. 성탄절 새벽 산타 할아버지가 빨간 벙어리장갑, 빨간 털스웨터를 입고, 몸보다 마음이 추운 아이들을 위해 눈 속에서 따오신 선물을 고르고 있다.

내장산의 용굴은 조선의 역사를 지켜낸 곳이다.

내장산의 비경에 취하고 금선계곡의 굽이굽이를 체험해본 사람들이라면 용굴에서 용이 승천하였다는 말에 저절로 고개가 끄덕여지리라. 그렇게 깊고 넓은 굴은 아니지만 용굴은 철제 사다리로 100여 계단을 올라야 다다를 수 있는 가파른 절벽 위에 위치하고 있다.

이 용굴은 자연경관도 빼어나지만 조선의 역사를 지킨 사적지로서 더 유명해졌다. 임진왜란이 일어나자 서울 춘추관을 비롯한 충주, 성주, 3곳의 『조선왕조실록』은 이미 불타버린 뒤였다.

전주 사고에 있던 『조선왕조실록』과 태조 어진을 서둘러 안전한 곳으로 피신시켜야 했다. 전라감사는 태조 어진 수호 책임을 맡고 있던 오희길과 함께 어진과 『조선왕조실록』 피신 대책을 논의하던 중 정읍 내장산을 적합한 장소로 확정하였다.

내장이란 말이 안쪽에 깊이 감춘다는 의미를 가지고 있으니 내장산이라는 산 이름은 벌써 이런 운명을 예고하고 있었던 것이었을까, 내장산 중에서도 『조선왕조실록』을 가장 안전하게 감출 수 있는 곳은 바로 깎아지른 듯한 절벽 위에 있는 용굴이었다. 『조선왕조실록』 피신 사실이 알려지자 태인의 선비 손홍록(56세로 추정)과 안의(64세로 추정)가 가솔들을 데리고 경기전에 달려왔다. 이 두 사람은 64궤짝이나 되는 『조선왕조실록』과 태조의 어진을 전주에서 내장산 용굴암까지 가솔들과 함께 직접 운반하였다.

이후 실록을 은봉암을 거쳐 비래암으로 옮긴 후 370여 일 동안 두 사람은 왜란이 가라앉을 때까지 번갈아 가며 실록을 지켰다. 이들 외에도 영은사(현 내장사) 주지 희묵대사와 다수의 승려, 무사 김홍무와 의병 100여 명이 암자를 떠나지 않고 실록을 지키는 데 전력을 기울였다.

전쟁이 잠잠해진 이듬해 『조선왕조실록』은 정읍현, 아산현, 강화도를 거쳐 묘향산으로 옮겨진다. 묘향산 보현사 별전에서 전쟁이 끝날 때까지 보관되었다가 다시 강화도로 옮겨졌고 원본을 바탕으로 5부가 더 간행되어 오늘날에 이르게 되었다. 이 기간 동안 안의와 손홍록 두 사람은 실록과 함께 동행하였으며, 안의는 그 과정에서 병을 얻었고, 집으로 돌아온 후 절망했다고 하니 그들의 충직함에 새삼 고개가 숙여질 따름이다. 손홍록과 안의는 왕조실록과 어진을 잘 모신 공으로 별제직에 제수되었으나 벼슬에 나가지는 않았으며 죽은 후에는 위패가 칠보면 시산리에 있는 남천사에 모셔졌다.

『조선왕조실록』은 그 가치를 세계에서도 인정받아 1997년 유네스코 세계기록유산으로 등록된 국보이다. 만약 전주사고의『조선왕조실록』마저 훼손당했더라면 조선의 역사는 회복할 수 없는 반쪽이 되고 말았을 것이니 상상하는 것만으로도 끔찍한 일이다.

내장산에 용굴과 같은 은밀한 비경을 지닌 은신처가 있다는 것도 자랑이고 그곳까지 왕조실록을 목숨 아끼지 않고 옮겨 지킨 안의와 손홍록 두 사람의 노력과 헌신도 자랑이 아닐 수 없다.

신선봉에서 정면으로 내려다보이는 용굴은 주변의 신선문, 금선폭포 등의 비경과 함께, 많은 사람들이『조선왕조실록』의 역사를 찾아서 방문하는 명소로 이름을 날리고 있다. 이곳에서 역사의 깊고 엄중한 가르침을 깨닫는 소중한 시간을 가져보는 것도 의미 있는 일이리라.

[3] 천상의 음률, 수제천(壽齊天)

정읍시의 대표적 문화제 중의 하나인 <정읍사>는 백제 멸망과 부흥을 위한 싸움이 한창이던 중 소금 행상인 남편이 백제군에 징발 당하자, 한 여인이 사랑하는 임을 기다리다 망부석이 되었다는 슬픈 사랑 이야기를 토대로 만들어졌다. 이런 <정읍사>가 민중에 전파되어 수제천의 연원이 되었다는 사실을 아시나요?

서양의 바흐나 모차르트, 베토벤의 음악이 있다면 우리에겐 "수제천"이 있다. 수제천은 백제가요 「정읍사」에 뿌리를 두고 있는 궁중음악이다. 수제천(壽齊天)은 아악(雅樂)에 속하는 국악합주곡으로 우리 아악곡의 백미로 평가되고 세계 민속학 경연에서 최고상을 수상한 수제천은 유장하고 화려한 궁중음악으로 선비들이 즐기던 정악이다. 이런 정읍사가 민중과 궁중에 전파되어 수제천의 연원이 되었다. 그래서 수제천을 정읍(井邑) 또는 빗가락 정읍[橫指井邑]이라고도 부른다.

또 수제천은 <처용무(處容舞)>의 반주음악으로 쓰이고 있어 신라 때의 작품으로 보기도 하나, 고려 때 발생한 무고(舞鼓) 춤에 쓰였던 점으로 미루어, 고려 이후의 음악으로 보는 이가 많다. 수제천을 고려 이후에 속하는 음악으로 보는 데는 3가지 이유가 있다. 첫째, 정읍사에 있어서 전강·후강·과편과 같이 세 틀로 된 형식은 신라시대라기보다 고려시대에 형성된 형식이라고 할 수 있다.

둘째, 이 노래는 고려 때 발생한 무고(향악정재에 속하는 것으로 가운데 무고라는 북을 놓고 8명의 무원이 춤출 때 부르던 노래)였다.

셋째, 과편에 나오는 김선조의 김선은 고려 고종 때 비파를 잘 타기로 유명한 실존인물이다(「한림별곡」 전 8연 중 제6연에 근거).

따라서 위의 여러 가지 점을 종합하여 볼 때 수제천은 고려 이후에 속하는 음악이라고 할 수 있다. 수제천은 이렇게 고려시대부터 무고정재를 출 때 정읍사를 노래하던 곡이었으나, 조선시대에는 왕세자의 거동이나 춤 반주 등 궁중의 의식음악으로 사용되면서 기악곡화되었다가 현재는 무용 반주음악보다는 순수 기악 합주음악으로서 면모가 더 부각되고 있다.

수제천은 일반적으로 향피리가 굳세고 굵은 음색으로 주선율을 시작하면 대금이 유유히 따르면서 피리와 대금이 교대로 주고받는 연음형식의 곡이다. 수제천은 특히 박자가 없는 '프리(free) 박자' 곡인데 외국인들은 어떻게 서로 박자를 맞출까 하고 신기하게 여긴다. 마치 수제천을 듣고 있으면 하늘로부터 영묘한 기운이 온몸에 스며옴을 느끼게 한다. 전체가 4장 20장단으로 구성되어 있으며, 남려(南呂)가 기음이 되는 남려계면조(南呂界面調)로 남(南: C), 태(太: F), 고(姑: G), 임(林: B♭)의 4음 음계이다. 악기 편성은 당초 삼현육각(三絃六角)인 향피리 2, 젓대 1, 해금 1, 장구 1, 좌고 1 등 6인 편성이었으나 지금은 장소나 때에 따라 아쟁·소금이 첨가되는 등 악기 수에 제한을 받지 않는다. 왕세자의 거동

때 등에 쓰였기 때문에 일정한 박자가 아닌 자유로운 리듬으로 진행되는 불규칙장단이며 그 한배(빠르기)가 대단히 완만하나 장중하기 이를 데 없는 아악곡의 백미라 할 수 있다.

상당수의 국악곡은 장단을 짚으면서 감상해보는 것이 좋다고 사료되나, 수제천의 경우에는 느린 템포와 불규칙적인 장단 때문에 박자를 짚는 것에 열중하여 곡을 듣다 보면 오히려 흐름을 파악하기가 어렵다. 따라서 관악기의 호흡법에 맞추어 자연스레 선율의 진행을 따라가며 감상하는 것이 좋다. 피리의 힘찬 선율 진행을 위주로 하여, 끊어질 듯하면서도 다시 힘차게 이어가는 대금과 해금, 그 사이를 화려하게 장식해주는 소금, 그리고 곡 전체를 받쳐주는 낮은 소리의 아쟁 등을 개별적으로 혹은 종합적으로 들어보는 것이 곡을 이해하는 데 도움이 된다.

우리가 수제천을 들을 때 각자의 음들이 살아서 움직이는 듯한 느낌을 받는데 이것은 음을 하나의 음정에 고정시키지 않고 다양하게 변화시키는 데서 비롯된다. 즉 음을 끌어올리거나 내리고 큰 폭으로 떠는 등 특유의 독특한 표현기법이 사용되는 것이다. 수제천을 빛내주고 있는 또 하나의 요소는 고도로 발달된 장식음의 사용이다. 각 악기가 서로 다르게 연주하는 화려한 장식음은 가히 장관을 이루면서 음악에 색채를 더해준다.

애절한 한과 기다림의 노래였던 백제시대의 「정읍사」는 오늘날로 말하자면 온 백제 사람이 함께 부르는 국민 애창가요였다. 「정읍사」에 대한 배경설화가 고려시대의 음악을 기록한 고려사 「악지」에 기록된 것을 보면, 이 노래가 입에서 입으로 전해져 통일신라를 거쳐 고려시대에까지 애창된 것으로 추측할 수 있다. 고려를 지나 조선시대에 와서도 「정읍사」는 사람들 사이에서 폭넓게 사랑을 받아오다가 비로소 문헌에 채록되는데 가사는 한글 형태로 『악학궤범』에, 악곡은 『대악후보』에 기록되었다.

조선 초기에는 일반 백성에게서 뿐만 아니라 궁중 연희에서도 무고정재라 하여 곡이 연주되고 정읍사 노래도 함께 불러질 정도로 보편적인 노래였으나 중종 때에 이르러서 가사가 음란하다 하여 궁중 안에서 불리는 것이 금지되었다.

정읍사가 금지된 후 다른 가사(오관산)로 바뀌기도 했지만, 차츰 기악곡만 남게 되고 여기에 아악의 특성이 가미되면서 느리고 장중한 음악으로 발전하여 궁중의 잔치나 행사에서 왕과 나라가 평안하기를 바라는 음악으로 연주되었다. 또한 정읍이라는 본래의 이름에 빗가락 정읍이라고 하는 다른 이름이 덧붙여지고 수제천이라는 아명으로도 불린다. 수제천이란 하늘처럼 영원한 생명이 깃들기를 기원한다는 의미이다.

수제천 음악은 향피리가 주선율을 이끌어가며 그 사이의 공간을 대금과 소금이 메워준다. 또한 현악기인 해금과 아쟁이 은은하게 피리의 소리를 받쳐준다. 가냘프면서도 장엄한 음 사이를 장구와 북이 어우러지고 이 다양한 악기들이 어울리고 섞여 마침내 장중하고 느린 천상의 완벽한 음률을 완성해낸다. 또한 한 박자 한 박자의 길이가 일정하지 않아 서구적인 음악의 감각을 초월한 환상의 신비감마저 자아낸다. 기다림과 사랑의 열정으로 빚어낸 한과 슬픔이 응결된 결정체라고나 할까.

요즘처럼 빠른 음악과 가벼운 가사가 인기를 얻는 시대에도 가창력 있는 가수와 내용 있는 음악이 재평가를 받듯이 수제천은 천년을 두고 내려온 그리움과 사랑의 노래이기에 시대와 공간을 초월하여 외국인들에게까지 영적 감흥을 불러일으키는 명곡으로 인정을 받고 있다. 1970년 프랑스에서 개최된 유네스코 음악제 전통음악 부분에서 최우수 악곡으로 당선되기도 하였다. 실로 정읍의 여인들이 이루어낸 불후의 걸작이 아닐 수 없다.

[4] 홍진에 묻힌 분네, 고현동 향약은 상춘곡을 싣고

　정읍에는 고현동 향악이라는 특별한 사회규범이 있다. 향약의 창시자인 정극인이 70세의 고령으로 관직을 사임하고 처가인 고현내(古縣內)로 이사하여 안빈낙도 생활을 직접적으로 표현한 「상춘곡(賞春曲)」을 남겼다. 지금도 정읍시 칠보****면 시산리에 그의 공적을 기리는 비(碑)가 서 있다.

　봄을 맞이하는 옛사람의 정취는 어떠했을까, 흰 눈이 대지를 덮고 땅은 온통 꽁꽁 얼어 언제나 다시 새싹이 돋는 계절이 찾아올까 확신할 수 없는 막막함으로 하루하루를 보내고 있을 때 어느 순간 불어오는 따뜻한 바람이 대지 위로 솟아오르는 새싹들과 피어오르는 봄꽃들, 나뭇가지의 새 잎들은 얼마나 그들에게 환희였을까.

　멀리서 「상춘곡」이 들린다. 상춘곡! 듣기만 해도 설레는 말이다.

**** 칠보는 고운이 신라 말엽 태산 군수를 지내면서 검단선사와 함께 유상곡수(流觴曲水 : 흐르는 물에 술잔을 띄우고 시를 짓는 놀이)의 풍류를 즐겼던 유상대 등 유교문화의 흔적이 뚜렷이 남아 있는 호남유교문화의 요람으로 알려져 있다. 『고현 향약(국가지정 보물 제1181호)』, 분충거의(奮忠擧義), 무성서원(국가지정 사적 제166호), 김회련공신녹권(국가지정 보물 제437호), 정극인의 상춘가곡, 단종의 비인 정선왕후 여산 송씨, 화경폭포(火鏡瀑布) 등 일곱 가지가 바로 칠보의 보물이다.

홍진(紅塵)에 뭇친 분네 이내 생애(生涯) 엇더한고.
녯 사람 풍류(風流)를 미칠가 못 미칠까.(중략)
엊그제 겨을 지나 새 봄이 도라오니
도화행화(桃花杏花)는 석양리(夕陽裏)예 퓌여 잇고,
녹양방초(綠楊芳草)는 세우중(細雨中)에 프르도다.   (「상춘곡」 중에서)

비록 벼슬을 하지 않고 낙향하여 향리에서 후학이나 가르치는 신세였지만, 정극인에게도 봄의 흥취는 경외로운 감동이었으리라.

우리나라 최초의 가사작품으로 알려진 「상춘곡」에서 그는 자연과 유유자적하며 사는 생활을 '옛사람 풍류를 미칠까 못 미칠까'라며 태산(태인)의 태수를 지낸 최치원의 옛 풍류에 비교하고 있다. 최치원이 닦아 놓은 피향정, 유상대 등 풍류의 고장 태인에서 그는 자연스럽게 최치원의 풍류를 꽃피우게 되었던 것이다.

만약 그가 세종 임금 시절, 태학생 신분으로 불교를 반대하는 '요승행오소'라는 상소를 올리지 않았고, 태인에 낙향하지 않았다면 이런 노래를 부르며 이러한 선비문화를 일으킬 수는 없었을 것이다.

문종 때 왕의 부름으로 잠시 정치에 몸을 담그지만 수양이 단종의 왕위를 빼앗자 다시 태인으로 훌훌 털고 내려와 자연 속에서 풍류를 즐기며 살았다. 이후 자신의 호를 딴 '불우헌'이란 초가삼간 주변에 소나무와 대나무를 심고 동중향음례라는 것을 만들어 30여 호 되는 이 마을에서 서로 협동하고 예의로서 생활할 것을 가르쳤으니 이것이 고현동 향약의 시초가 되었다.

『고현동 향약』은 우리나라 최초의 민간향약이었으며, 이퇴계의 『예안 향약』보다 80여 년이나 앞섰다. 현존하는 고현동 향약 자료는 정극인의 『향음서(鄕飮序)』를 기본으로 하고 있으며, 임진왜란을 전후한 선조 때 시작하여 1977년에 이르기까지 400여 년 동안 시행되어온 기록으로서 우리나라 향약의 연구에 있어 귀중한 자료이다. 보물 제1181호로 지정되었다.

시산리에는 이 고현 향약을 논의하고 기록하던 고현동 동각 건물이 남아 있다. 오래된 나무 대문에는 녹슨 철판 위에 삼강오륜이란 글씨가 새겨져 있어 당시의 자부심을 말해주는 듯하다.

나이가 든 후 성종 임금이 정극인에게 종삼품의 벼슬을 내리고 일체의 생활비를 하사하사 그는 임금의 은혜에 감동하여 「불우헌가」라는 노래를 바치기도 했다.

자연과 더불어 물욕 없이 여유롭게 살다가 81세인 1481년에 생을 마쳤으며, 죽은 후에는 '무성사원'에 고운 선생과 함께 배향되었다. 당시 신선으로까지 숭배되던 고운과 같은 반열에 그를 모셨으니 그를 따르던 사람들이 얼마나 불우헌을 존경했는지 짐작할 수 있는 대목이다.

「상춘곡」 속으로 향약이 흐른다.

태인 고현동 향약의 발원지인 시산리 일원은 옛 태산현의 읍 터로서 관아가 오늘날의 태인지방으로 옮겨 간 뒤론 속칭 고현대라 불리는 칠보면의 문화, 교육, 행정, 교육의 중심지이다. 이곳은 산천이 아름다운 승경처가 많다는 자연지리적 요인과 일찍이 신라시대에는 고운 최치원 선생, 조선조에 들어와서는 불우헌 정극인 선생, 늘암 송세림 선생 등 대유학자요 문장가들이 혹은 태어났거나 혹은 만년에 정착한 곳이라는 역사적 전통이 어울려 누정, 서원, 정각, 모정 등이 집중적으로 분포되어 있어, 속칭 정읍의 경주(慶州)라 일컬어진다. 보물 1181호 『태인 고현동 향약』 문헌(총 29책)은 조선 선조 때부터 1977년까지 약 400년간 마을의 상부상조 전통을 담아낸 자료다. 「상춘곡」의 작가 정극인이 창설한 『고현동 향약』은 퇴계 이황이나 율곡 이이가 만든 향약보다 90년이나 앞선 우리나라 최초의 향약이다. 미풍양속의 근본으로 주민자치(住民自治) 사회규범(社會規範)이었던 우리나라 최초이면서 지금까지 지속되고 있다.

그 후 30년이 지나서 1500년(中宗 5年, 庚午)에 일찍이 이조좌랑(吏曹佐郎)을 지낸 눌암 송세림(訥庵 宋世琳)이 고향에 돌아와서 정극인의 향약을 중흥시켜 강당(講堂)과 동서재(東西齋)를 세워 젊은이들을 가르쳤다.

오랜 세월이 지나 향약(鄕約)이 침체하여지자 1724년(景宗 4년, 甲辰)에 뜻 있는 동네 노인들의 마련으로 양사제(養士齋)를 만들었으며 영조(英祖) 40년경에는 현감 조정(縣監 趙曻, 호는 柱湖)이 이를 남학당(南學堂)이라 하여 보수(補修)하였다.

이로부터 120년이 지난 뒤 남학당이 퇴폐하여지니 1844년(憲宗 10년, 甲辰) 송언호(宋彦浩, 宋世琳의 九世孫), 김구흠(金龜欽, 金世의 七世孫) 등이 주동이 되어 10년에 걸쳐 중건(重建)을 하니 그 때가 철종(哲宗) 5년이었다.

이때부터 남학당은 동각(洞閣)으로 불리고 완전히 동약(洞約)의 전당으로 되었으며 무성서원은 교육기관의 일을 맡았기 때문에 남학당은 교육과 동약의 실천을 위한 동각의 구실을 했던 것이다.

지금의 건물은 1873년(高宗 10)에 중건(重建)한 것이다.

1475년(哲宗 6)에 정극인의 동약은 30년 뒤에 송세림이 정비하고 여러 차례에 걸쳐 증보 (增補)하여 현재의 고현동약지(古縣洞約誌)가 계속되고 있다.

불우헌 정극인에 의하여 시작된 가사는 조선시대 후기로 갈수록 사람들에게 널리 펴져 시조에서 표현할 수 없는 긴 사연들을 산문형식의 가사로 표현하였다.

그런 의미에서 「상춘곡」을 실은 『고현동 향약』은 가사문학의 맥을 잇는 진정한 보배이다.

[5] 호남평야의 피라미드, 두승산

호남선 열차 안에서 정읍을 지날 때 서쪽에 홀로 솟아 있는 산 하나를 보게 된다. 제법 우람하고 활처럼 휘어진 산등에 여러 개의 봉우리가 있는 그 산이 두승산이다.

두승산은 443m의 그리 높지 않은 산이지만 시원한 전망을 가지고 있다. 두승산을 중심으로 고창, 김제, 정읍 들판이 쭉 펼쳐져 있다. 내장산의 맥이 고부의 들판 속으로 잠시 잠적했다가 갑자기 태산처럼 우뚝 솟아 있어 더욱 돋보이는 산이다. 이렇게 트여 있는 산은 수행하기도 좋은 산이라고 한다. 지형이 열려 있을수록 깨닫는 마음도 넓어진다.

평지에 돌출한 산이라서 높지 않아도 위용이 있으며, 신태인 쪽에서 바라보면 일곱 개의 봉우리가 한 줄로 늘어져 있는 것처럼 보인다. 또한 두승산 꼭대기는 꿈틀거리는 용이 바다를 바라보는 자리라고 한다.

두승산의 옛 이름은 고려시대 이 지역 명칭이 영주였기 때문에 영주산이었다. 두승(斗升)으로 이름이 바뀐 것은 고부 관아에서 도량형의 기준을 확실하게 하기 위하여 표준이 될 말과 되(도량형의 단위)를 고부의 진산이며, 중심지인 두승산 말봉의 바위에 다듬어 놓은 것이 두승산 이름의 유래가 되었다고 한다. 또한 말(斗)은 둥글어 하늘을 상징하고 되

(升)는 네모져서 땅을 상징하니 곧 인간의 수명과 복록을 정하는 산이란 뜻으로 풀이하기도 한다.

그 왼편 바위에 수두목승(水斗木升)이라는 글자가 새겨져 있는데 이 글은 1920년대 동초 김석곤이 새긴 것이다. 물은 말과 같은 큰 그릇으로 헤아려야 하고 곡식 등은 작은 되로 되어야 한다는 뜻으로서 말과 되의 조각물을 한자로 풀어 쓴 것이라 하겠다.

두승산 꼭대기에 있는 유선사의 종각이 세워진 자리에는 원래 3~4미터 크기의 너럭바위가 있다. 백제와 일본의 동맹군이 신라를 정벌하고 난 후 백제의 왕과 일본의 사신은 이 자리에서 두 나라가 어려움을 당했을 때 서로 돕기로 맹약을 맺었다. 이 맹약은 오랫동안 지켜졌는데 백제의 사비성이 함락되었을 때 일본은 170여 척의 함대를 이끌고 원정을 와서 변산의 우금산성에서 나·당연합군과 치열하게 싸움을 벌임으로써 옛날의 두승산 너럭바위의 약속을 지켰다 한다.

두승산 서쪽 끝 봉우리에는 유선사가 자리하고 있고, 유선사 뒤쪽으로 작은 언덕이 있다. 이곳에는 칠성바위라고 하는 큰 바위가 있는데, 그 사이로 수백 년 된 회화나무가 자라고 있다. 전해지는 이야기에 의하면 신라의 의상대사가 두승산에서 좌선을 하다가 일곱 신선이 놀다 승천하는 것을 보고 비목 주장자를 잘라서 땅에 박아 이곳이 절터임을 알렸던 나무라고 한다.

의상대사의 전설에서 보듯이 예부터 두승산은 신령스러운 산으로 여겨 호남의 삼신산이라 불렀다. 삼신산은 선가의 이상향으로서 신선들이 사는 산이라고 한다. 불로초가 널려 있고 신선들이 바둑을 두고 있는 유토피아이다. 호남의 삼신산은 고창의 방장산, 부안의 변산(봉래산), 고부의 두승산(영주산)이다.

이를 반영이라도 하듯 두승산에는 두 사람의 도인 이야기가 전해진다. 남궁두와 권극중이다. 남궁두는 허균의 「남궁선생전」의 주인공이다. 남궁두는 축지법의 대가였고, 신선술을 연마하여 거의 신선이 될 뻔한 경지에 이르렀지만 마지막에 욕심을 내는 바람에 실패했다고 한다. 허균은 남궁두를 만나고 홍길동전을 쓰게 되었다고 전해진다.

권극중은 『참동계주해』를 저술한 사람으로서 단학의 대가이다. 참동계는 수련의 기본원리와 철학을 담은 책으로 중국의 유학자인 주자도 그 비밀을 해석할 수 없다고 고백한 책이라고 한다. 그는 이 책을 통해서 내단사상을 체계화했다고 한다.

유선사 대웅전 오른편에는 신선이 타고 다녔을 법한 커다란 호랑이가 한 마리 산에서 내려오고 있다. 대웅보전의 오른쪽 백호 맥이 약해서 이를 보강하기 위해 세워놓았다. 눈썹과 코털까지 갖춘 생동감 넘치는 호랑이다. 두승산의 신령스러움이 새삼 새롭게 다가온다.

이런 두승산은 정읍의 고부면에 위치하고 있다. 어린 시절 배웠던 동학혁명의 최초 발생지이다. 이곳을 지날 때면, 내내 어릴 적 즐겨 부르던 녹두장군 전봉준에 얽힌 노랫가락과 함께 수백 년 전 갑오동학 농민혁명***** 당시 농민들의 함성이 들려오는 듯하다.

***** 갑오동학혁명은 우리 고장의 역사일 뿐 아니라 우리나라 근대사의 중요한 역사의 한 토막이기도 하다. 갑오동학혁명은 제폭구민, 보국안민으로 우리의 인권과 민권을 주창하였고, 민족의 자주독립을 표방한 점에서 역사적 큰 의미를 갖는다. 그 발단은 고부농민봉기에서 비롯한다. 당시 고부군수 조병갑은 민보 아래에 새로 보를 막고 보세를 징수하는가 하면 온갖 명목으로 민재를 수탈하니 그 학정에 시달린 고부군민 대표 20명은 1893년 가을 송두호 집에 모여 군민들이 봉기할 것을 결의하고 이 사실을 사발통문으로 각 마을에 돌렸다. 사발통문 대표 20인은 다음과 같다. 전봉준(1855~1895), 송두호(1829~1885), 정종혁(1862~1952), 송대화(1858~1919), 김도삼(1856~1895), 송주옥(1853~1895), 송주성(1863~1924), 황홍모(1855~1895), 최흥열(1862~1940), 이 해 11월 30일 익산 군수로 전임되었던 군수 조병갑이 다음 해 다시 유임되니 고부군민들은 이에 분개하여 일어났다.

새야, 새야, 파랑새야!
녹두밭에 앉지 마라, 녹두꽃이 떨어지면, 청포장수 울고 간다.

녹두꽃은 전봉준이며 파랑새는 청나라 군대이다. 청군에 의해 녹두 장군이 죽게 되면 조선민중들이 눈물을 흘리게 된다는 은유적인 노래였다.

가보세 가보세 을미적 을미적 병신되면 못가보리

갑오년에 가보세. 을미년이 될 때까지 기다리다가 병신년이 되면 영영 못 가보니까 라는 일종의 청원이며 선동적인 노래가 항간에 널리 회자되었다.

이런 노래를 통하여 민중들이 물밑에서 말없이 학정에 대해 얼마나 저항하고 있었으며 동학이나 전봉준 같은 메시아의 출현을 어느 정도 열망했는지 짐작해볼 수 있겠다. 이러한 저변의 민심은 동학농민혁명이 끝난 후 4년 뒤 정읍지방에서 농민봉기로 다시 점화된다.

당시 이평 마항리에는 전주로부터 영국인 선교사가 주일마다 내려와서 비밀리에 주민을 모아 놓고 선교활동을 하는 임시교회가 있었다. 이 교회에는 동학에 가담했던 많은 사람들이 원근에서 모여들었다. 이러한 분위기 속에서 정읍 만화동에 살던 최익서가 영학계라는 비밀단체를 조직하였다. 영학(英學)이란 예수교를 말한다.

영학계를 조직한 최익서는 1899년 음력 4월 18일, 부친 최영두와 함께 정읍시 입암면 왕심리에서 벌왜벌양(伐倭伐洋)과 보국안민(輔國安民)을 내걸고 제2의 동학농민혁명인 기해 정읍농민봉기를 일으켰다.

이들은 뜻을 같이하는 고창의 박정집 등 32명의 농민들과 함께 고부 관아를 점령한다. 여기서 빼앗은 무기를 입암 왕심리에 미리 모여 있던 농민들 삼백여 명에게 나눠준 뒤 흥덕, 무장을 거쳐 고창으로 진격하여 접전을 벌였다. 하지만 그날 밤 불행히도 비가 쏟아지는 바람에 화약을 사용하는 화승총을 사용하지 못해 참패하면서 제2의 농민봉기는 막을 내리고 말았다.

비록 봉기는 실패하였지만 개벽을 이루고자 했던 동학농민혁명의 정신은 꿋꿋하게 살아 미완의 혁명을 완성하려는 민중들의 꿈은 지속되고 있었던 것이다.

사실 동학농민혁명은 고부군수 조병갑의 심한 수탈로부터 비롯되었다. 이에 격분한 농민들이 전봉준을 중심으로 들고 일어났다. 만석보, 황토현, 농민혁명의 리더인 전봉준 장군의 옛집 등 동학농민운동과 관련이 있는 유적들이 모두 두승산 주변에 있다. 1894년 1월 고부(古阜)에서 시작된 동학농민혁명은 한국의 근·현대사를 결정지은 역사의 일대 사건이자, 봉건적 사회질서를 타파하고 외세의 침략을 물리치기 위해 반봉건·반제의 기치를 높이 세운 우리 역사상 가장 최대이자 최초의 민중항쟁이었다. 그런데 1894년에 동학교도들을 중심으로 하여 일어났던 일련의 역사적 사건을 가리키는 명칭이 여러 가지로 혼용되고 있어 이 방면에 관심이 별로 없는 사람들에게 적잖은 혼란을 주고 있다. 심지어는 학교 교육에서조차 정치적 이해관계에 따라 명칭이 동학란, 동학혁명, 동학운동 등 여러 차례 바뀌어왔다. 하지만, 이러한 동학농민혁명의 역사적 의미는 무엇이었는지, 그리고 100년이 더 지난 지금 그 역사는 우리에게 어떤 의미를 주는지, 두승산은 잘 알고 있다.

정읍 두승산은 호남의 삼신산 중의 하나다. 이는 호남정맥에서 갈라져 나간 하나의 산줄기가 호남평야로 뻗어 들어가서 일군 산이다. 두승산은 서로 흐르는 고부천과 동으로 흐르는 정읍천의 분수령이 되며 정읍시의 용계동, 흑암동, 고부면 덕천면의 경계에 있다. 두승산의 남쪽 기슭에 있는 양택 선인좌부(仙人坐部)라는 대지는 문천무만(文千武萬) 장상부절지지(將相不絶之地), 곧 문무 대관이 수없이 나오고 장수와 정승이 끊이지 않는다는 호남 제일의 명당이었다. 그 연유로 한때는 많은 부자들이 이곳에 자리 잡으려고 모이기도 했다.

두승산은 풍수지리에 있어서의 명산일 뿐만 아니라, 경관이 좋은 비래산이라 할 수 있다. 특히 북으로 넓고 넓은 호남평야를 조망하는 멋이 참으로 좋다. 또한 남으로 호남정맥의 뭇 산들이 바라보이고, 서로는 변산만과 서해의 칠산 앞바다를 조망할 수 있다.

두승산은 남동에서 북서쪽으로 여러 개의 봉우리를 일구어 길게 뻗쳐 있으며 동서로 가파른 비탈을 이루고 있다. 그래서 바위가 많은 등성이는 날카롭고 바위로 된 봉우리의 경관이 좋다. 온 산에 소나무가 많고 숲이 짙다. 산 곳곳에 키가 큰 산죽밭이 있는 것도 다른 산과 다른 점이다. 두승산 머리의 이마라 할 수 있는 높은 돌출부에 규모가 큰 유선사가 있는 것도 다른 곳에서는 볼 수 없는 점이다.

지금은 두승산이 고부와 덕천, 그리고 정읍의 경계로 되어 있지만 옛날에는 두승산 일대가 모두 고부군 땅이었다고 한다. 고부군은 18개 면을 다스릴 만큼 큰 고을이었다. 그리고 고부 관아에서 도량형의 기준을 확실하게 하기 위하여 표준이 될 말과 되(말과 되의 양)를 고부군의 진산이며 중심지인 두승산 말봉(상봉 남쪽 봉우리)의 바위에 만들어 놓은 것이 두승산 이름의 유래가 된 것이다. 두승산성은 유선사에서 말봉과 남쪽 끝 봉에 이르는 주능선과 서쪽의 나지막한 노적봉 사이의 넓은 골짜기 입석리 쪽에 있고, 산 동북쪽(덕천면 상학리)에 천주교의 공소가 있었던 곳으로 여겨지는 학령굴이 있다. 그 밖에 이 산에는 유선사 외에도 두승사, 보문사 등 절이 있으며, 산행 들머리가 되는 만수동 상만마을에는 남방식 고인돌 15기가 있다. 또 상만마을 골짜기 위에는 절터와 자연석으로 만들어진 물통이 있으며, 절터 주변에는 넓은 비탈에 푸른 차나무가 저절로 자라고 있다. 동학혁명 황토현 전적지(정읍시 덕천면 하학리)와 전봉준 옛집은 빼놓을 수 없는 명소다. 녹두장군의 옛집을 한바퀴 둘러본 후 두승산 정상을 오르는 걸음 내내 서울로 가는 녹두장군의 그 맑은 마지막 물빛이 눈물이 강물 되어 흐르고 있다. 다시 한번 눈 내리는 만경 들에 떠가는 '해진 짚신, 상투 하나'의 실루엣을 떠올려 본다.

> 눈 내리는 萬頃 들 건너가네
> 해진 짚신에 상투 하나 떠가네
> 가는 길 그리운 이 아무도 없네
> 녹두꽃 자지러지게 피면 돌아올거나
> 울며 울지 않으며 가는

  우리 봉준(琫準)이 풀잎들이 북향하여 일제히 성긴 머리를 푸네. 서울로 가는 전봉준 중에서…… (중략). 단기 4228년(1895) 3월 30일 전봉준은 손화중*과 함께 처형되었다. 전봉준이 서울로 붙잡혀가는 마지막 사진

---

* 손화중은 『조선왕조실록』을 내장산 용굴암으로 피난시킨 손홍록의 후예로 승지(勝地)를 찾아 경상도 청학동으로 갔다가 동학에 입교했다. 입교 2년 뒤 여러 곳으로 옮겨 다니다가 본가인 음성 마을로 돌아왔는데 이곳에 현재 후손인 손홍철, 손홍렬 씨가 살고 있다. 손홍철(80세) 옹에 따르면, 선친 대대로 부안읍 내오리(內五里) 옹정(甕井)마을에서 살다가 과교동으로 이사하여 신원균 씨 집에서 손화중 장군이 출생했다고 한다. 현재 당고개 너머 입암으로 가는 고가교 좌측을 말한다. 음성마을은 일제시대에는 고부 이씨 집성촌으로 이뤄진 쌩계와 밀양 손씨 집성촌으로 이뤄진 삼산으로 나누어진 두 개의 마을이었으나 현재는 하나로 통합되었다. 손화중은 이곳에 살면서 포교지를 무장에 두었다. 동학농민혁명 당시 농민군 지도자 중 최연소(34세)였으나 가장 많은 교도를 가졌던 인물로 알려져 있다. 백산대회 당시 4천 명의 농민군 가운데 상당수가 손화중 포였으며 황토현 전투에서도 주도

속에서 우리에게 하고 싶었던 말은 무엇이었을까, 우리 또한 시인의 마음이 되어 호남 벌에 울려 퍼지던 그 함성을 되새겨본다면 그가 남은 사람들에게 마지막 전하고자 했던 메시지를 이해할 수 있을 것이다.

적인 역할을 했다는 것이 그것을 입증한다. 4225년(1892)에는 선운사 도솔암에 있는 마애불 속에서 비결을 꺼냈다는 소문이 돌면서 더욱 신비스러운 인물로 여겨졌다. 지금까지 동학농민혁명에 대한 역사를 가장 탁월하게 그려내었다고 평가받고 있는 전남대 송기숙 교수의 소설 『녹두장군』의 첫머리가 바로 이 비결을 꺼내는 것에서부터 시작된다. 오지영의 『동학사』에 그 과정이 소상하게 기록되어 있다. 세상이 어지러우면 예언과 비결이 유행하게 되는 법이다. 특히 조선 후기는 세도정치로 인하여 정치기강이 문란해지면서 관직이 매매되고, 탐관오리의 수탈이 전에 없이 강화되자 천대받는 하층민들에게는 이러한 예언사상이 큰 공감을 불러일으켰을 것이고 하나의 믿음이 되었을 것이다. 손화중은 전봉준과 함께 이렇게 3월 봉기의 주역으로 활동했고 전주 해산 후에는 나주(羅州), 장성(長城) 등지에 머무른 것으로 간주된다. 9월 봉기에서는 일본군이 나주에 상륙한다는 소문이 전해지자 최경선과 함께 나주에 머물렀던 것으로 보인다. 태인 전투 뒤에는 고창군 부안면 안현리 이 모 씨 제실에 숨어 있었는데 다음과 같은 일화가 전하고 있다. 그는 전봉준과 김개남이 체포되었다는 이야기를 듣고 대세가 기울었음을 판단하고 재실지기인 이봉우를 불러 "어차피 나는 잡혀갈 몸이다. 네가 나를 고발하여 후한 상을 받아라. 그동안 네게 진 은혜를 갚겠다"라고 하여 이봉우의 고발로 체포되어 4228년(1895) 3월 30일 전봉준과 함께 처형되었다.

[6] 드라마 동이, 숙빈 최씨

전주에서 정읍으로 건너오기 위해서는 태인의 큰 다리를 건너야 한다. 바로 동진강 상류의 대각교이다. 지금은 4차선으로 쭉 뻗은 다리가 놓여 있어 사람들은 강물을 바라볼 틈도 없이, 다리를 건넌다는 느낌도 없이 휙 지나치지만 예전엔 큰일을 당하면 물살에 휩쓸려가는 조그만 나무다리가 놓여 있을 뿐이었다.

사람에게는 한평생을 살면서 자신의 운명이 바뀌는 순간이 세 번 정도는 찾아온다고 한다. 그 기회를 잘 잡은 사람은 평생 동안 인생이라는 바구니에 가득 넘치는 행운을 마음껏 누리며 살게 된다. 이 다리에서 조선 최고의 행운을 거머쥔 신데렐라가 탄생했다. 바로 영조를 낳은 숙빈 최씨이다. 드라마 상에서는 '동이'라는 이름으로 소개되었다.

조선 숙종 때 '민유중'이라는 사람이 전남 영관으로 군수직을 받아 내려가는 중에 이 태인 다리를 건너게 되었다. 그때 부모 없이 자라던 어린 최숙빈**이 아주 남루한 차림으로 이 다리 부근에서 놀고 있었다. 아

** 대각교(大脚橋)와 최숙빈(崔淑嬪): 대각교(大脚橋)는 태인면 거산리(居山里)에 있는 다리다. 이 다리는 전주 감영에서 남도로 내려가는 교통의 요로였다. 이 길로 지나는 사람이 많았으나 다리가 없어 행인들이 불편을 겪고 있었다.
그런데 3백여 년 전 태인골 백암리(現 칠보면 백암리)에 살던 자선가로 알려진 박잉걸(朴仍傑)이라는 사람이 자신의 사재(私財)를 털어 크고 튼튼한 돌다리를 놓았으니 이 다리를 대각교라 불렀다. 그 후 이 다리는 지나는

무리 진창 속에 있어도 보석은 빛을 발한다.

비록 옷차림은 초라했지만 어린 최숙빈의 아름답고 고운 용모는 부인의 눈길을 사로잡기에 충분했다. 특히 이 아이가 자기 딸의 얼굴을 닮아 부인의 마음을 더욱 끌었고, 부인은 아이를 데려다가 친딸처럼 기르게 되었다. 동이는 민유중 가족과 함께 영광으로 내려갔다가 다시 한양으로 올라가게 된다.

그 후 이들이 성장하여 민유중의 딸이 인현왕후가 되자 함께 궁중으로 들어간다. 그러나 운명은 여기에서 멈추지 않는다. 시기심 많은 장희빈과 인현왕후의 갈등으로 인현왕후가 궁궐 밖으로 쫓겨난다. 동이는 궁 밖으로 쫓겨난 인현왕후를 위해 밤마다 기도를 드린다. 그러던 어느

사람마다 그 분의 고마움을 이야기하고 있었다. 숙종(肅宗) 때의 일이다. 둔촌(屯村) 민유중(閔維重)이 마침 영광 군수로 발령을 받고 부임하러 가는 도중, 이 다리에서 쉬어가게 되었다. 옆에는 이제 여덟 살 먹은 딸을 안은 둔촌의 부인도 동행하고 있었다. 마침 둔촌의 일행 앞을 지나가던 어린 소녀 거지가 있었다. 얼른 보아 옷은 남루하나 용모가 단아하고 총명하고 잘 생긴 소녀였다. 그런데 무슨 인연인지 이 소녀의 모습은 안고 있는 둔촌 부인의 딸 모습과 닮은 데가 너무 많았다. 지나는 소녀의 발걸음을 멈추게 하고 둔촌 부인은 이름과 부모와 가정환경을 두루 물어보았다. 성은 최씨(崔氏)요, 부모님은 돌아가신 지 오래고 무의무탁한 천애 고아였다. 둔촌 부인은 불쌍히 여겨 이 소녀를 데리고 갔다.
그 뒤 글공부와 예의범절을 가르치며 친딸과 똑같이 생각하며 길렀으니 예의 바르고 얼굴 곱고 재주 뛰어남이 이를 바 없었다. 수년 후 둔촌은 내직(內職)으로 승진되어 서울로 가게 되었을 때에도 이 소녀만은 같이 데리고 갔었다. 이 무렵 숙종대왕의 처음 부인이신 인경왕후(仁敬王后)가 승하하자 다시 현숙한 왕후 민씨(閔氏)를 선택하였으니 이 분이 바로 둔촌의 딸이다. 그때까지도 민씨 왕후는 대각교에서 얻은 최씨를 옆에 두고 있었다. 얼마 후 숙종대왕께서는 장희빈(張禧嬪)이라는 아름다운 궁녀에 매혹되고 말았다. 장희빈은 대왕의 사랑을 독차지하게 되자 결국 민씨 왕후는 궁에서 쫓겨나게 되었다. 그런 일이 있은 후 최씨는 밤이나 낮이나 민씨 왕후 생각뿐이었다. 밤마다 삼경이 되면 민씨 왕후를 위하여 천지신명께 기도를 올렸다. 어느 날 밤에도 기도를 올리고 있었는데 때마침 암행(暗行)에 나섰던 숙종대왕이 발견하고 옛 주인을 사모하는 갸륵한 정성에 감탄하여 그를 자기 곁에 있게 하였다.
어느 사이 최씨는 처녀의 몸인데도 배가 불러가고 있었다. 얼마 후 장희빈이 이 눈치를 채고 말았으니 최씨에 대한 장희빈의 시새움과 구박은 시작되었다. 하루는 숙종대왕께서 낮잠을 주무시는데 꿈을 꾸었다. 꿈의 내용은 마당에 놓인 독 밑에서 용 한 마리가 내려오다가 빠져나오지 못하고 죽어가는 꿈이었다. 즉시 내전에 들어와 독을 열어보게 하니 장희빈의 혹독한 구타로 최씨가 숨이 막혀 죽어가고 있었다. 이를 목격한 숙종대왕은 놀라지 않을 수 없었다. 그 후 장희빈에게 사약을 내려 죽게 하고 인현(仁賢)왕후 민씨를 궁으로 모시게 되었다. 곧 최씨는 옥동자를 낳았으니 이 분이 뒷날의 영조(英祖)다. 바로 최씨는 상궁에서 숙빈(淑嬪)으로 승격되었다. 최숙빈은 고향인 태인 현감에 명하여 친척을 조사하였으나 한 사람도 없었으며 그의 부모 묘까지도 찾을 길이 없었다. 최숙빈은 태인 현 최사령(崔使令)의 딸이었다는 말이 있으나 자세히 알 길은 없다. 다만 『숙종실록(肅宗實錄)』에 의하면 '숙종 20년 9월 13일 영조를 낳았으며 숙종 44년(서기 1718년) 3월 9일 졸(卒)하니 장례로 우송(優送)했다'고 기록되어 있다. 영조 4년 박필현(朴弼顯)으로 인한 난리가 일어났을 때 태인 현을 관대하게 보아준 것은 영조의 어머니 고향이었기 때문이라고 전해진다. 최숙빈의 인연을 지닌 대각교는 근대에 와서 서울 목포 간의 국도가 그 위쪽으로 나게 되어 폐교(廢橋)되고 말았다. 많은 세월이 흐른 지금, 최숙빈은 어디서 왔으며 누구의 딸이며 어떤 설움을 간직하고 영민했을까? 하는 의문을 던져두고 세월은 또 흐르고 있다.

날 밤 동이에게 운명의 순간이 찾아온다.

바로 암행을 나온 숙종의 눈에 띄게 된 것이다. 마침내 동이는 숙종의 뒤를 잇게 된 영조를 낳고 숙빈의 자리에 오른다. 동이는 조선시대 유일한 천민의 신분에서 후궁의 최고자리인 빈(嬪)의 자리에 오르는 신데렐라와 같은 여성이었다.

최숙빈에 대한 서울 태생설 등 여러 설이 있지만 전남 영광에도 숙빈의 자취가 남아 있는 것을 보면, 최숙빈의 태인 출생설이 상대적으로 근거가 큰 것으로 사료된다. 이 스토리는 1936년 장봉선 씨가 발행한 『정읍군지』***에 실려 있다.

정읍시에서는 2003년 대각교****옆에 만남의 광장을 조성하여 최숙빈과 민유중 가족의 운명적인 만남을 기념하고 있다. 혹시 드라마틱한 만남을 꿈꾸는 사람이라면 대각교 옆 만남의 광장에 잠시 들러볼 일이다. 강을 따라 올라오는 시원한 바람과 함께 좋은 인연을 만날지도 모를 일이다.

*** 1936년 일제시대 『정읍군지』가 한 개인에 의해서 발행되었다. 정읍군지는 당시로서는 보기 드물게 정읍의 역사와 향토자료, 인물, 문화재, 전설 등을 근대적 관점과 지역사적 관점에서 기록하였으며, 특히 모든 사람들이 언급하기조차 꺼리는 동학의 역사를 공개적으로 기록한 최초의 문서이기도 하였다. 또한 당시 정읍지역의 모습과 전봉준 사진을 싣기도 하여 역사적 자료로서 큰 가치를 가지게 되었다. 영조 임금의 어머니 최숙빈의 설화도 바로 이 책에 실려 있다. 이로써 『정읍군지』는 이후에 발행된 각 지역 향토지의 선구가 되었으며, 국립중앙박물관에 귀중본으로 보관되어 있다. 또한 이 책에 실린 '전봉준실기'는 후일 정읍향토사학자들이 동학농민혁명에 관한 자료를 연구하는 밑거름이 되기도 했다. 이를 발행한 이가 바로 장봉선이다. 장봉선은 1902년 소성면 중광리에서 태어났다. 그는 정읍 소성, 내장, 전남 법성포 지역에서 사립학교의 전신인 사숙을 개설하여 개화사상과 신학문 보급에도 노력을 하였다. 또한 씨앗장수 독립운동가이며, 정읍의 백기 사건으로 알려진 최태환의 일대기를 그린 한글 전기소설 『영산실록』을 집필하여 발행하기도 하였다. 중광리에는 그가 살았던 생가가 남아 있으며 『정읍군지』를 편찬한 履露濟(이로제)라는 사당이 보존되고 있다. 장봉선은 현대를 살아가는 우리가 역사를 어떻게 바라보고 정리해야 할지 방향을 가르쳐준 진정한 시대의 스승이다.

**** 대각교 옆에 다리 이름을 따서 대각가든이라는 식당이 영업 중이다.

[7] 9경(景) 중의 하나, 99칸의 고택, 김동수 가옥

산외면 오공리 김동수 가옥을 찾은 사람들은 이런 깊은 산골에 이렇게 고래등 같은 큰 기와집이 있다는 사실에 놀라고, 이 집에 배산임수를 갖춘 지네혈(오공혈)의 명당이라는 사실에 또 놀라며, 집 칸 수가 무려 99칸이었다(현재는 80여 칸)는 사실에 세 번째 놀라게 된다.

이 깊은 산골에 누가 왜 이런 큰 집을 지었을까?

이 집의 건축을 시작한 사람은 김동수의 6대조 김명관이다. 김명관의 조부는 당쟁이 일어나면 죄인을 처형하는 직책을 가진 사람이었다. 자연히 그런 임무를 수행하다 보니 적이 많을 수밖에 없었고 항상 신변의 위협을 느끼며 살아야만 했다. 이런 연유로 김명관의 조부는 일절 벼슬을 하지 않으며 사람들과 빈번하게 어울리지 않을 곳으로 손자를 내려보냈다고 전해진다.

김명관은 조부의 명을 받아 17세의 나이로 이 집을 짓기 시작했다. 1772년에 터를 닦기 시작하여 1784년에 완성하였다고 하니 무려 12년의 세월이 걸렸다. 집 한 칸 한 칸에 세심한 배려와 정성이 배어 있어 230여 년이 지난 지금도 현존하는 한옥 교과서 같은 집으로 평가받고 있다. 오늘날로 치면 불과 고등학교 1학년의 나이일 뿐인데 10년을 내다보는 건축을 시작했다니 약관의 나이로 이와 같은 안목을 가졌다는 것이 감탄스러울 뿐이다.

김명관이 처음 이 집을 지으려고 할 때 오공리에서 40여 리 떨어진 정읍 태인 오봉리 청석골이라는 명당을 찾아갔다. 가서 보았더니 마침 강아지가 똥을 누고 있는 중이었다. 그래서 이곳은 강씨 집터라고 생각하고 물러섰다.

그런데 산외 오공리 현재 터에서는 밤에 북소리가 들리면서 도깨비들이 한 말 두 말하고 곡식을 세는 소리가 들려왔다. 예부터 북소리가 울리는 데는 큰 부자가 난다고 하는 속설이 있고 도깨비는 바로 김씨*****를 가리키므로 이곳에 집을 짓기로 결정했다.

그는 이 집터의 좋은 기운이 12대 후손까지는 지속될 것으로 믿었다. 그래서 그는 안채 대청 한가운데 땅속에 표석을 남겨두고서 혹시 집이 불에 타는 등 재난을 당하더라도 이 표식을 찾아 움막이라도 짓고 살며 집안이 다시 일어날 것이니 후손에게 절대 집을 옮기지 말라고 당부를 했다.

오공마을에 들어서는 초입에 집안을 빙 두른 담장과 솟을대문을 보면 이 집의 규모가 얼마인지 짐작하게 된다. 행랑채, 사랑채, 안채, 별장 등으로 구성된 이 99칸 가옥의 특징은 사람들의 움직임이 물 흐르듯 자연스럽게 이어질 수 있도록 건물을 배치했으며, 안채와 사랑채를 엄격히 구분하도록 했다는 점이다. 이는 조선 후기 사회의 엄격한 부부유별의 사회상을 반영한 건축의 특징이기도 했다.

사랑채에 기거하는 주인은 남들이 다 잠든 밤중에 부인 방에 들어갔다가 새벽녘에 다시 자기 방으로 되돌아오는 것이 관례였다. 그래서 별도의 통로가 필요했다. 사랑채 뒤의 화단 담장과 안 행랑채 사이에 한

***** 전라도 지방에서는 도깨비를 김 서방이라 불렀다 함.

사람이 빠져나갈 만큼 좁은 틈이 있다. 이곳이 부부를 위한 사랑의 로맨스 길이었다. 평소에는 수숫단 등으로 가려 놓았다. 한밤중에 은밀하게 안방을 찾아가는 양반의 모습을 상상하는 것만으로도 저절로 입가에 미소가 번진다.

안채 큰 방에 다락이 있는데 이곳은 일종의 비밀공간이었다. 이곳은 천장의 널판을 들어내고 높은 받침대 위에 올라서야 오르내릴 수 있었다. 이 속에는 위급 시에 사람이 숨거나 귀금속 등을 보관했다.

바깥 행랑채 좌측에는 남자주인 및 손님이 사용하는 화장실이 있다. 여자들이 사용하는 화장실은 안 행랑채에 따로 있다. 바깥 화장실은 디딤판 목재로 하였고, 전면 문 쪽으로 힘을 줄 수 있도록 손잡이를 만들어둔 것이 특징이다. 원래는 바깥 변소가 두 곳이었다고 하며, 한 곳은 하인들을 위한 곳이었는데 지금은 남아 있지 않다.

변소에는 한쪽에 쌀겨를 쌓아두어 용변을 본 후 이것을 뿌려서 덮도록 하였다. 냄새가 나지 않도록 한 것이고, 나중에 거름으로 사용할 수도 있었다 한다.

담장 밖으로 여덟 채의 호지집이 있었으며, 이곳은 하인들이 거주하였지만, 집을 보호하기 위한 감시초소의 역할도 겸하였다고 한다. 현재는 두 채만이 복원되어 있다.

사랑채나 행랑채에는 처마가 많아서 여러 종류의 새가 집을 짓고 살았다. 그러나 특이하게도 안채에는 새가 집을 짓지 않았다. 간혹 제비가 둥지를 틀어도 새끼가 모두 죽어버리곤 했다. 그런 영향을 받아서인지 이 집안에는 손이 귀한 편이었다.

또한 이 가옥 앞에는 집을 지으면서 조성한 작은 연못이 있다. 이 연못은 지렁이 모양인데 풍수상으로 지네가 지렁이를 먹는 형상이라고 한다. 오공혈의 집터가 지속적으로 좋은 기운을 받을 수 있도록 한 것이다.

또한 대문을 중심으로 좌측으로 마흔 그루, 우측으로 스물여섯 그루의 느티나무를 심었다. 이는 지네가 습지에 사는 동물이므로 지네가 살기 좋은 서식처를 만들어주기 위함이었다고 한다.

　이처럼 집안에 배치된 안채, 사랑채, 행랑채, 별채 등 모든 건물들이 소박하여 건립자의 독창성이 잘 드러나 있을 뿐만 아니라 건축 이후로 개축되거나 크게 보수되지 않고 원형을 유지하고 있어서 가옥 연구의 자료적 가치가 높다.

　이백삼십 년을 버텨온 진한 갈색 기둥이며 결이 고운 마룻바닥, 부엌의 채광창 등에서 세월의 향기와 온기가 느껴진다. 거칠거칠한 듯하면서도 부드럽게 다가오는 오래된 나뭇결의 촉감이 정겹다.

　이 집의 주인들은 비록 외부와 많은 소통을 하지 않고 사람들을 경계하며 살았겠지만, 그들이 살았던 이 집은 역사 속에 온전히 보존되어 조선 후기를 살았던 사람들의 이야기를 우리에게 따뜻하게 전해주고 있는 것이다.

[8] 무병장수 십장생(十長生)마을, 대장금

빼곡히 쌓인 겨울 낙엽 사이로 그 선명한 모습을 드러내는 십장생 수풀 산. 속 깊은 산곡(山谷)에 몰래 숨어들어 책 나무 갈피마다 들어찬 시어(詩語)를 줍고, 바스락거리는 나뭇잎 사이 겨울새 소리, 찬바람 소리를 듣는다.

정읍은 민족종교와 동학혁명이 발생한 곳으로 이미 알려져 있다. 특히 대장금의 실제인물인 장금이가 십장생 마을 근처(옥정호 부근)에서 태어났다고 전해진다.

장금리는 옥정호(옥처럼 맑은 호숫가)라고 하는 일급수 호수가 산 정상에 생김으로 해서 유명해졌다. 그러나 이 마을은 이미 오래전 의녀로서 이름을 떨친 대장금이 살았던 마을이기도 하다.

장금산과 마을 앞 맑은 냇가, 봄부터 가을까지 피어나던 나물이며 장금이가 손수 채취하던 약초들이 모두 인사를 하는 듯하다.

재 너머 순창 설대감 마을에서 틈틈이 약에 쓰이는 약초들을 배우고, 약을 달이고 술을 담그는 방법을 터득한 것이 이렇게 쓰이게 될 줄은 꿈에도 생각하지 못했던 일이었다.

당시 같은 마을에 살던 홍침이 의원이 되어 궁으로 들어간다는 소식을 들었을 때만 해도 장금이는 속으로 그저 부러운 마음뿐이었다. 비록 의원의 신분이라고는 하지만 궁궐에서 생활하게 되면 얼마나 행복할까, 궁궐은 얼마나 화려하고 환상적일지 장금이는 그저 머릿속에서만 상상해볼 뿐이었다.

그런데 그런 상상이 이제 장금이에게도 현실이 되는 참이었다. 장금이 뿐만 아니라 마을 또래의 아씨들도 함께 궁궐로 들어가야 한다는 것이 마을 홍참봉 어르신의 전갈이었다.

게다가 장금이가 궁에 들어가면 임금님의 수라상을 챙기고 홍침과 함께 임금님의 건강상태를 조석으로 살피는 일을 도맡아야 한다는 것이었다. 이미 장금이의 의술은 온 동네에 소문나 있었지만, 대궐에서 일을 한다는 것은 어쩌면 목숨 걸고 해야 할 만큼 중대한 일이라는 것을 직감하고 있었다. 다행히도 순창의 설대감댁이 많은 도움을 준다고 하였지만, 장금이의 마음은 무거울 따름이었다.

"장금아, 이 어미가 매일 아침 정화수를 떠놓고 장금산 산신령님께 네가 무사하기를 빌 터이니 아무 걱정 말고 열심히 나라님 잘 살펴 드리거라. 어려운 일이 있을 때는 홍침이와 잘 의논하고……"

장금이를 끌어안고 마지막 작별의 말을 건네는 어머니도 목이 멘다. 어머니의 눈물 어린 배웅을 받으며 장금이는 보따리를 옆구리에 끼고 저만치 앞서가는 홍침을 따라 마을을 내려갔다. 멀리로 항상 오르내리던 장금산이 눈물에 가려 흐릿하게 보인다.

옥같이 푸른 옥정호수를 둘러싸고 대장금 마실 길이 펼쳐져 있는 장금리는 의원 홍침과 내의녀 장금이가 살았던 마을이다. 홍침은 당시 조정에서 권세를 누렸던 유자광의 인척관계였다.

서얼 출신인 유자광은 본댁에서 제대로 사람대접을 받을 수 없었기 때문에 어릴 적부터 자신의 고모가 살았던 정읍 옹동과 산내 장금마을에서 살다시피 하였다.

어려서부터 장금마을의 내력을 소상히 알고 있던 유자광은 본인이 궁에서 임금의 수라간과 가무예술을 담당하는 사용관과 장악원정이란 직위를 맡게 되었을 때 장금마을의 사람들을 궁으로 불러들이기 시작했다. 특히나 장금리는 첩첩산중으로서 온갖 희귀한 약초들이 많이 자라는 지역이었고 장금마을 사람들이 일찍부터 재 너머 순창 설대감 마을과 왕래를 하면서 의술을 익혀왔다는 사실도 잘 알고 있었던 터였다.

이런 연유로 유자광은 자신의 인척관계인 홍씨 집안의 홍침을 궁중으로 불러들이면서 같은 마을의 장금이를 비롯한 몇몇의 여자아이들을 함께 데려가게 된 것이었다.

유자광의 배려하에 같은 또래 아이들보다 눈썰미가 뛰어나고 용모도 예뻤던 장금이가 임금의 수라간과 건강을 점검하는 내의녀 역할까지 도맡게 되었다.

장금이가 의술을 배운 설대감댁은 예로부터 의술로 이름을 떨친 집안이었는데 설경성이란 의원은 고려시대 유명한 어의로서 충렬왕의 병을 치료했을 뿐만 아니라 중국 원나라 세조 쿠빌라이에게 불려가 그의 병을 완치시킴으로써 세조의 시의가 되었고, 벼슬까지 하고 내려온 명의로 소문이 자자했던 사람이었다. 그래서 사람들은 계속해 그 집을 설대감댁이라 불렀다.

그는 또한 바둑에도 능하여 세조와 가끔 바둑을 두었는데 쿠빌라이는 그를 일컬어 의술에는 선인이요 바둑에는 신선이라는 의미로 의성기선 (醫聖棋仙)이라 칭하였다 한다.

이후 장금이는 입궁한 후 대장금이란 드라마에서 보았듯이 임금의 병환을 직접 살피고 치료하는 일약 스타 어의(御醫)의 자리에까지 오르게 되는 것이다. 『중종실록』에 보면 홍침과 장금이가 임금이나 대비의 병환을 치료하거나 상을 받았다는 기록들이 전해진다.

❀ 중종 17년(1522) 9월 5일

대비전의 증세가 나아지자, 상이 약방(藥房)들에 차등 있게 상을 주었다.

'장금(長今)에게는 각각 쌀·콩 각 10석씩을 주고, 하사가 있었다.'

❀ 중종 19년(1524) 12월 15일(을사)

'다만 의녀 대장금의 의술이 그 무리 중에서 조금 나으므로 바야흐로 대내(大內)에 출입하여 간병하니, 이 전체아를 대장금에게 주라.'

❀ 중종 39년(1544) 1월 29일

'내가 저번에 감기가 들어 해수증(咳嗽症)을 얻어서 오래 시사(視事)하지 못하였다. 조금 나아서 경연(經筵: 군주에게 유교 경서와 역사를 가르치던 자리)을 열었더니, 그날 마침 추워서 전의 증세가 다시 일어났다. 의원 박세거와 홍침 및 내의녀 대장금과 은비 등에게 약을 의논하라고 이미 하유(下諭)하였거니와 이 뜻을 내의원 제조에게 이르라.'

대장금이란 드라마로 유명세를 타게 된 장금리와 그 주변 풍광들은 드라마 방영 이전까지는 잘 알려져 있지 않았지만 위에서 언급한 바와 같이 역사적으로 아주 유서 깊은 내력을 가진 곳이었다. 장금리라고 불리게 된 까닭은 장금이 어의로서 이름을 크게 떨치고 난 후 사람들이 그녀의 이름을 따서 그렇게 불렀을 것으로 추정하고 있다.

또한 어떤 사람들은 장금이가 장금마을 출신이기 때문에 장금이의 본명 대신 편의상 장금마을에서 온 사람이란 뜻으로 장금이라고 불리었을 것이라고 주장한다.

요즘은 자동차를 타면 정읍에서 30분 정도면 도착할 수 있는 거리에 불과하지만 과거에는 구절재라고 하는 험준한 고개를 걸어서 힘들게 넘어야 했기 때문에 장금리는 말 그대로 첩첩산중의 적막한 산중마을뿐이었던 것이다. 산이 깊은 까닭에 각종 약초가 자생하고 있어 심마니들이나 약초꾼들에게는 아주 잘 알려진 곳이기도 한다.

이런 은밀하고도 깊숙한 마을 장금리가 천지개벽과 같은 변화를 겪게 되었는데 그것은 바로 일제강점기 때의 운암댐 건설이었다. 운암댐이 건설되고 몇몇 마을이 물에 잠기는 등 변화가 일어났지만 산 정상에 일급수의 깨끗한 호수가 생김으로 해서 장금리는 호수를 낀 멋진 호반마을이 된 것이다.

이에 장금리 황토마을에서는 마실 길을 조성하고 옥정호 호숫가의 풍경을 따라 펜션을 건립하는 등 사람들에게 편한 휴식공간을 제공할 수 있는 멋진 청정호반의 쉼터를 마련하였다.

마실 길의 총길이는 약 22km이다. 다섯 개의 코스로 나뉘어 있는데 황토마을을 둘러보는 1, 2, 3코스와 종성리 산호수 마을까지 연결된 4, 5코스가 있다. 1, 2, 3코스에 비해서 거리가 긴 4, 5코스는 좀 더 긴 산책을 하고자 하는 사람에게 추천할 만한 코스이다. 피서철에는 모든 펜션의 예약이 완료되어 방을 구할 수 없을 정도로 전국적으로 이름을 떨치고 있다. 깊은 산골마을이 변하여 이렇게 많은 사람들이 찾는 명소가 될 줄은 누가 상상이나 했겠는가.

그렇다면, 십장생이란 무엇인가? 사실 사람이 늙지 않고 오래 살기를 바라는 소망은 기본적 욕구 중 하나다. 장수에 대한 염원이 간절했던 옛사람들은 무병장수한다고 믿어왔던 열 가지 자연물을 십장생(十長生)이라 부르며 불로장생(不老長生)의 상징으로 삼았다. 그래서 그림을 그리거나 생활에 필요한 것들에 무늬로 새겨 넣어 항상 곁에 두었다고 한다. 뾰족뾰족 솟은 산, 둥근 해, 하늘 가득한 구름, 훨훨 나는 학, 굽이쳐 흐르는 물, 헤엄치는 거북, 바위와 소나무가 가득한 숲에 뛰어노는 사슴, 그리고 수풀 사이에서 자라는 불로초(不老草)가 있다.

때맞춰 불로장수의 상징인 십장생을 주제로 어메니티를 높이는 마을이 있다. 이 마을에 가면 해와 구름, 산과 바위와 폭포, 학과 사슴, 거북, 소나무, 영지버섯 등 십장생을 한꺼번에 볼 수 있다. 또 매화, 감잎, 연잎, 구절초, 녹차 등 다섯 가지 차를 마실 수 있는 국내 유일의 마을이다. 다시 말해서 자연환경이 잘 보존되고 경관이 수려하면서 인심 좋은 사람들이 한데 어우러져 살아가는 풍요로운 마을이면서 십장생이 있는 마을로도 유명하다. 실제로 가보면 그 말이 참으로 딱 어울리는 마을이라는 것을 실감할 수 있다.

마을 뒤로는 운주산(雲住山)이 버티고 감투같이 생긴 감투봉이 있다. 산 아래 좌우로 논과 밭이 있으며 그 사이로 냇물(능교천)이 흐르는 전형적인 배산임수형 산촌마을이다. 십장생마을 주민 중 천주교 신자가 90%를 넘는다. 1866년 병인박해 때 이곳으로 피신한 천주교도가 정착한 마을이기 때문이다. 1999년 옥정호가 상수원보호구역 마을로 지정된 후 가축 기르는 것을 포기하고 시의 권유로 도농교류를 시작했다. 십장생마을의 어메니티 자원은 마을 주변에 펼쳐져 있는 십장생과 차, 옥정호, 선비체험관 등이다. 옥정호에는 해마다 가창오리, 큰기러기 등 철새가 날아오며 주변에 희귀동식물과 곤충, 식물이 많이 자생하고 있다. 또 주변의 하천과 계곡에는 수달이 살고 있으며 버들치, 가재, 각시붕어, 돌고

기 등 다양한 어종이 서식해 도시 어린이 생태학습에 큰 도움을 주고 있다. 운주산 감투봉에 오르면 옥정호와 내장산, 정읍평야를 볼 수 있다. 늦가을 멀리 지리산 줄기와 서해바다를 보는 재미도 인상적이다. 운주산에 오르면 불로초라 불리는 영지버섯도 쉽게 찾을 수 있다.

십장생마을에 대해 정읍시나 향토사학자는 대장금의 탄생지라는 논문을 발표하는 등 여러 가지 마케팅을 벌이고 있다. 십장생마을은 대장금의 탄생지답게 예부터 다섯 가지 차를 마시고 있는데 최근 도농교류 덕으로 도시민에게 마을의 5대 차를 제공하고 있다. 연평균 기온이 15도인 십장생마을에서 생산되는 차는 매우 고소하며 은은한 향이 감미롭다. 100% 야생녹차로 농약을 주지 않고 일교차가 큰 지역에서 생산되기 때문이다. 연잎차와 매화차도 연꽃향과 매화향이 강하고 맛이 달아 텁텁한 맛이 적다. 구절초는 구절재 주변에 자생하는데 매년 가을 구절초 축제를 벌인 덕분에 이곳을 방문하는 도시민이 계속 늘고 있다.

과거 먹을거리 관련 신문기사를 보면 대부분 지역특산품 기사였다. 그러나 소비자들은 농촌에 대해 새로운 것들을 요구하기 시작했고, 농촌주민들도 농산물 외에 여가, 휴양, 체험 상품 등을 팔기 시작했다. 주5일 근무 등으로 농촌관광·녹색체험이 급격히 증대하고, 이것이 도농간 교류를 확대하는 매우 유용한 수단이 됐다.

근래 도농교류의 위력은 실로 대단한 것임에는 틀림없다. 정읍 십장생마을도 십장생과 차를 특성화한 그린투어 사례로 지역창조성이 뛰어난 곳이다. 불로장수의 상징인 십장생을 주제로 어메니티를 높일 수 있는 최고의 마을로 만들어보자. 그리하여 십장생마을에 사람과 자원이 동시에 몰려오게 하자.

[9] 정읍 천곡사지 칠층석탑*

　정읍시 농소동 망제마을 끝에 있는 '천곡사지 칠층석탑(전라북도 보물 309호)'은 키는 멀대같이 크고 빼빼 마른 고등학교 1학년쯤의 남학생

---

* 정읍시 농소동 망제마을 끝에 있는 '천곡사지 칠층석탑(전라북도 보물 309호)'의 높이는 7.5미터임.

을 보는 것 같다. 아직 완전하지 못한 듯 거칠게 다듬어진 기단, 아무런 꾸밈이 없는 측면, 7.5m의 높이는 너비가 좁아 더욱 껑충 높아만 보인다. 지붕돌 밑에 새긴 연화문도 짓다 만 것처럼 엉성하다. 왠지 한창 성장하고 있는 소년처럼 까칠하고 덜 다듬어져 어설픈 모양이다.

그렇지만 더없이 순수하고 신선해 보인다. 무생물인 돌인데도 변화무쌍한 미래를 안고 있는 듯 보이는 탑이다. 키만 커서 바람에 날려갈 듯한 모양이지만 천년의 세월을 까딱하지 않고 버텨온 탑이다. 마을 뒤 끝에 서서 묵묵히 살아온 탑을 보겠다고 먼 걸음 한 것이 뿌듯할 만큼 탑은 의젓하다. 호젓한 주변이 발길을 오래오래 붙잡는다.

이 옆에는 오층석탑 하나가 더 있었는데 1925년경 일본인들이 어디론가 옮겨갔다고 한다. 이때 해체한 탑 속에서 고려 태조 21년(938)이라는 명문이 나와 이를 탑의 축조 연대로 보는 것이다. 전설에 의하면 현존하는 칠층석탑은 남승의 탑이요, 옮겨간 탑은 여승의 탑이라 한다. 남의 나라 사람 손에 의해 사라진 여승의 탑이라 하니, 이제 고령이 된 우리 위안부 할머니들의 어린 시절 앳된 모습이 떠오른다. 사라진 여승의 탑처럼 세월 앞에서 쓰러져간 우리 위안부 할머니들의 한을 어떻게 풀어야 할지 올려다본 탑의 꼭대기처럼 멀기만 하다.

문화재를 찾아 나서는 것도 우리 역사의 귀중함을 직접 느끼고자 함인데 생존해 계시는 위안부 할머니들은 바로 살아 있는 역사이다. 그분들의 아픔을 함께 풀어드리지 못함이 부끄럽고 송구스럽다.

가을이 깊어지면 오색찬란하게 물들여 세상을 아름답게 하겠노라고 칠층석탑을 에워싼 단풍나무들이 이파리를 살찌우고 있다. 석탑 아래 계단에 앉아 마을 앞으로 멀리 이어지는 길을 바라보며 우리 젊은이들의 앞길이 툭 트이기를 빌어보자. 우리 조상들도 이 탑을 쌓으며 우리들이 사는 이 세상을 위한 행복을 기원했을 것이다.

[10] 정읍 망제동 석불입상**

   사람들은 흔히 마음의 평온을 찾고 싶을 때 자연과 함께 있기를 바라고 그 품에 안기기를 소망한다고 한다. 그러기에 문명의 혜택으로 편리

** 망제동 석불입상(전라북도 유형문화재 118호).

하고 풍요로운 생활을 하면서도 틈나는 대로 산과 바다 등을 찾는지 모른다.

살갗에 와 닿는 찬 기운과 드높은 푸른 하늘이 가을을 말해준다. 가을이 오면 우리 고장 정읍이 먼저 떠오른다. 붉게 타오르는 단풍이 계절의 쓸쓸함을 덜어주기 때문일까, 나락 모가지가 고개를 숙이기 시작하고 코스모스 한들거리는 김제 들녘을 지나 정읍 길을 가노라면 가을을 타던 마음도 풍족한 웃음을 알게 된다. 그리 멀지도 높지도 않은 산길 끝머리에 편안한 모습으로 서 있는 '망제동 석불입상(전라북도 유형문화재 118호, 고려시대 불상 추정)'을 만나보자.

두승산(斗升山)의 지맥(支脈)인 망제봉(257m)의 중턱에 홀로 서 있는 이 석불은 머리에는 방갓과 같은 테가 큰 원형의 모자를 쓰고 있어 수더분한 선비처럼 보이는 불상이다. 조그만 석등 하나 옆에 있을 뿐 아무 것도 없이 약간 고개를 숙이고 그저 생각에 잠겨 있을 뿐이다. 두 눈은 살며시 감겨져 있고, 코는 직선이면서도 부드러우며 귀는 불상이면서도 자그마하다. 입은 살포시 미소를 머금고 있다. 어깨를 다소곳이 움츠리고 있어 왠지 순해 보이고 두 손은 두려움을 없애주고 중생의 소원을 들어준다는 뜻의, 손바닥을 밖으로 드러내 보이는 모양새(여원시무외인–與願施無畏印)를 하고 있다.

그러나 바로 옆에 여산 송씨 제각이 있고 제각 아래채 언덕바지엔 불상만큼이나 순한 하얀 어미 개와 새끼 세 마리가 낯선 사람들이 차를 주차하고 오르락내리락 해도 짖지 않는다. 일명 대암(大岩)석불이라고도 불린다는 망제동 석불을 닮아서일까, 마치 인자한 할아버지를 만난 듯 마음이 포근해지는 것은 불상 뒤쪽 주변에 자잘한 돌로 쌓은 낮은 담이나 주변에 여느 시골집처럼 밤나무, 감나무가 있어 그럴지도 모른다. 한 그루 은행나무도 주렁주렁 열매를 달고 있다. 차 한 대 지날 수 있는 찻길 양옆에 우거진 초목들이 마음 깊은 곳의 정취까지 끌어내주는 좁은 길. 가을이 무르익을 때쯤 다시 한 번 꼭 찾고 싶은 곳이다.

[11] 일곱 봉우리가 춤추고 계곡이 수려한 칠보산***

<능선에서 본 칠보산 전경>

샘 고을 정읍을 대표하는 명산은 전국 제일의 가을단풍을 자랑하는 내장산, 머리에 갓을 쓴 영산기맥의 관문인 입암산, 동학혁명의 진원지요 변산, 방등산과 호남의 삼신산으로 일컫는 두승산이 대표적이다. 이 때문

***샘 고을 정읍을 대표하는 명산은 전국 제일의 단풍을 자랑하는 내장산, 머리에 갓을 쓴 영산기맥의 관문인 입암산, 동학혁명의 진원지요 변산, 방등산과 함께 호남의 삼신산으로 일컫는 두승산이 대표적이다. 이 때문에 정읍지맥 상에 일곱 봉우리가 춤을 추는 칠보산은 최근까지 잘 알려지지 않았다가 최근에 와서야 사람들이 하나둘 찾는 산임.

에 정읍지맥상에 일곱 봉우리가 춤을 추는 칠보산은 최근까지 산꾼들에게 잘 알려지지 않았다가 최근에 와서야 사람들이 하나둘 찾는 산이다.

전국에 이름이 같은 칠보산이 네 개가 있는데, 경기도 화성에 있는 칠보산(234m)은 산삼, 맷돌, 잣나무, 황계수닭, 사찰, 장사, 금 등의 물산이 많이 나오고 송림이 울창해서 각광을 받는다. 경북 영덕의 칠보산(810m)은 더덕, 황기, 산삼, 돌옷, 멧돼지, 철, 구리 등의 물산이 풍부하고, 잘 조성된 휴양림과 선덕여왕 때 창건된 유금사 터에 보물 64호인 삼층석탑이 유명하다. 충북 괴산의 칠보산(778m)은 암릉과 노송이 어우러져 조망이 빼어난 것이 특징이다.

반면 정읍 칠보산은 동, 북, 서의 계곡이 수려하여 칠보림학(七寶林壑)으로 유명하다. 칠보산에서 제일 높은 봉우리는 연수봉인데 여기에서 내려오는 골짜기를 지칭한다. 피난지골은 남한골의 좌측 골짜기로 안개가 많아 동학농민혁명 때 농민군들이 관군에게 쫓겨 이곳으로 피신했다고 하나 근거 없는 주장이 아닌가 싶다.

『한국지명총람』에는 칠보산을 임진왜란 때 주민들이 피난했던 곳으로 기록돼 있다. 서쪽 기슭의 옥녀봉은 풍수지리상 옥녀 탄금형(玉女彈琴形)으로 거문고에 비유하며, 거문고(琴)의 뒤쪽(北) 마을에 해당돼 금북 또는 검듸라 부른다. 동쪽의 금붕(琴朋)리는 금화와 붕래를 합한 이름으로 역시 뒷산이 거문고 형상이다. 북쪽의 북면 구룡(九龍)리는 구량과 용호리 이름에서 따왔다.

서쪽 끝자락인 정읍시 말고개는 용호동 동남쪽에서 시내로 넘어가는 고개로 임진왜란 때 이씨가 의병을 일으켜 왜군을 전멸시킨 곳으로 말의 공동묘지가 있어 붙여진 이름이다. 용호동은 뒷산이 용과 범의 형상이다. 대동여지도에 독수리 형상인 매봉으로 나와 있는 성황산(城皇山, 144.3m)은 수성동과 시기동에 걸쳐 있는 산으로 정읍 현감이 부임할 때 왕의 교지(사령장)를 이곳에서 받았다고 한다. 또한 우리 민족의 고유 토속신앙으로 토지와 마을을 수호하는 서낭신을 모신 성황당이 있어 붙여진 이름인데 일제가 이를 철거하고 신사를 만들었다. 그 뒤 충무공이 정읍 현감으로 있었던 것을 기리기 위해 충렬사를 세운 뒤부터 충무공원으로 불리고 있다. 현 정읍 제일고 방향으로 뻗어 내린 산등성이는 거북의 등과 같아 구미등이라 한 것이 구미동이 됐다.

칠보면 수청(水靑)리는 수만(水滿)과 내청(內靑)이 합쳐진 이름으로 내청은 안쪽, 외청은 바깥쪽에 있고, 수만은 마을 앞에 물이 가득하여 붙여진 이름이다. 노적(露積)은 칠보산 아래 있는 마을로 노적같이 보여서 명명됐다. 질마재는 노적마을에서 금붕동으로 넘어가는 고개로 서정주의 대표시집에 나오는 고창군 부안면의 질마재와 같이 수레를 끌 때 소나 말의 등에 안장처럼 얹는 도구인 질마(길마) 형국이다. 산행 등기점인 개운(開雲)리는 뒷산이 운중발용(雲中發龍) 형국이다.

정읍지맥은 태인천과 정읍천을 가르며 7봉에서 서쪽으로 뻗어 나간 산줄기는 성황산을 이루다 정읍시청 앞을 지나 정읍천에 잦아든다. 그리고 7봉에서 동쪽으로 뻗은 산줄기는 올망졸망한 일곱 봉우리를 칠보 방향으로 뻗어가다 칠보천에서 여맥을 다한다. 행정구역은 정읍시, 칠보면, 북면에 접해 있다.

20분쯤 오르면 고당산에서 오는 정맥꾼들이 무심코 남쪽(좌측)으로 내려가게 되는 갈림길을 지난다. 묘소가 가끔 나타나고 북동쪽으로 고당산이 눈앞에 성큼 다가선다. 북으로 잡목 숲을 헤치면 호남정맥 줄기의 헬기장에 닿는다. 서쪽은 칠보산으로 가는 정읍지맥, 호남정맥 고당산은 동쪽으로 5분쯤 산죽과 씨름해야 한다. 대부분의 묘소가 남쪽을 향하고 있는데 유독 서쪽을 향한 묘소 한기가 반겨주는 고당산에는 삼각점(316)과 전북산사랑회 이정표가 자리 잡고 있다(개운치에서 1시간 소요). 산경표에는 지형도상의 고당산은 찾아볼 수 없고 칠보산만 나와 있다. 조망이 훌륭해서 서로는 방장산과 입암산을 비롯한 영산기맥. 남으로 내장산의 9개 봉우리가 춤을 추고, 호남정맥 내장산 신성봉과 백암산, 남쪽 세자, 용추, 깃대봉, 병장산, 불태산, 동으로 장안산, 북으로 모악산이 나뭇가지 사이로 고개를 살포시 내민다.

헬기장으로 되돌아와서 서쪽의 정읍 방향으로 산죽밭을 내려가면 남쪽 농로 옆 잘록이에 묘소 2기가 마중 나온다. 남북으로 길이 나 있는 갈림길을 지나면 또다시 갈림길이다. 곧이어 생명줄을 놔버린 채 장승처럼 서 있는 고목이 보인다. 10분쯤이면 잘록이에서 또다시 애매한 갈림길이 발걸음을 잡는다. 지맥은 북쪽으로 가다가 파묘한 부근에서 남으로 향하다가 곧바로 서로 꺾인다. 남으로 21번 도로가 보이고 송신탑이 있는 망대봉이 조망되는 고스락에 서면 산줄기가 또다시 지맥길이 어디냐고 반문한다. 남쪽 21번 도로 방향으로 내려갔다가 낙엽 쌓인 급경사를 오르면 이마에 땀방울이 솟는다. 남으로 허브찜질방과 21번 도로가 내려다보인다. 서쪽 410봉과 336봉을 바라보고 가다가 고스락에서 남쪽으로 꺾어 송림을 오르면 작은 고스락에서 북으로 가다가 410봉 갈림길을 만난다. 이곳에서 지맥은 서북쪽의 336봉 방향으로 꺾인다(개운치에서 2시간 거리).

솔향기 그윽한 송림에서 삼림욕과 오찬을 즐기고 출발하면, 오전의 낙엽 쌓인 잡목 숲과 달리 원시림같이 고사목이 나뒹구는 울창한 송림이 이어진다. 칠보 수청리와 부전동을 잇는 큰 고개를 지나 전주 유씨 묘소를 만나면 부전동과 칠보를 잇는 49번 도로가 보인다. 남쪽은 송림, 북쪽은 잡목 숲으로 나눈 능선이 묘한 대조를 보인다. 남쪽의 해림정사(옛암자)를 바라보고 있는데 갑자기 큰 고라니 한 마리가 뛰어나와 산꾼을 사냥꾼으로 착각했는지 혼비백산 내달린다. 갈림길에서 남쪽으로 걸으면 벌목으로 벌거벗은 산들의 황량한 모습이 눈앞을 가득 채운다.

우국황씨묘소 표석 앞에서 임도를 건넌다. 삼거리에서 길이 좋은 남쪽 길을 버리고 서쪽으로 8분쯤 가면 또다시 갈림길을 만난다. 서쪽(우측) 길로 따라갔다가 남쪽으로 내려서면, 도강 김씨 묘소를 지나 양지바르고 전망이 좋은 곳에 자리 잡은 전주 최씨 묘소에서 바라보면 망대봉과 내장산 모습이 멋지게 다가온다. 계속되는 갈림길과 씨름하다 보면 어느덧 정읍 부전동에서 칠보를 잇는 49번 도로에 닿는다(개운치에서 2시간 50분 거리).

49번 도로에서 약수암 고개를 쉽게 가려면 외딴집을 지나 북쪽으로 곧장 가면 된다. 그러나 지맥은 좌측의 낙엽 쌓인 고스락을 힘들게 올랐다가 내려오는 수고를 요청한다. 고스락을 힘들게 오르면 송림이 시작되고 북으로 정읍시가지와 눈앞에 칠보산이 한눈에 잡힌다. 산줄기가 U턴하여 급하게 내리막을 치면 약수암 고개다. 서쪽 정읍시 내장동 동쪽 칠보면 노적마을을 잇는 고개를 지나 급경사를 오르면 칠보면으로 뻗어 내린 일곱 봉우리들이 춤을 춘다. 정읍 쪽은 송림인 반면 칠보 쪽은 벌목한 뒤 측백나무를 식재했는데 잡목에 치어 자라지 못해 황량하다. 동쪽엔 고당산과 망대봉이 고개를 내밀고 서남쪽은 입암산과 백암산이 다가온다.

고스락을 내려오면 갈림길에서 동쪽으로 칠보 수청리 방향으로 뻗어가는 산줄기들이 한눈에 들어온다. 서쪽으로 오르면 산불감시초소가 있는 칠보산(469m) 7봉이다(개운치에서 3시간 40분 거리). 그런데 정읍 방면에서는 7봉이 가장 우뚝하고 위연하게 보여 칠보산 정상으로 부르고 있다. 반면 칠보에서는 동쪽의 활공장이 있는 6봉 옆에 있는 연수봉(5봉, 472.2m)을 정상으로 부른다. 아무튼 산 전체를 부를 때는 칠보산으로 부르고, 일곱 개 봉우리 중에서 가장 높은 연수봉(472.2m)을 정상으로 부르는 게 옳을 성싶다. 따라서 정읍지맥을 종주는 칠보산의 일곱 봉우리에서 7봉만 거쳐 가게 되므로, 왕복 40분 거리인 연수봉 정상을 다녀올 수 있다.

7봉에서 서쪽으로 내려서면 정읍에서 오르는 등산로들이 제법 많고 등산로가 아주 좋다. 게다가 곳곳이 바위와 소나무가 어우러진 전망대로 정읍지맥의 진수를 보여준다. 푸른 송림으로 이어지는 산줄기와 정읍시가지, 영창 아파트 옆 1번 도로인 말고개, 그 뒤로 정읍의 진산 성황산이 한눈에 잡힌다. 송림에서 삼림욕과 두승산의 조망을 즐기노라면 어느새 귀양실재에 닿는다(칠보산에서 40분 거리). 그런데 마을 주민에게 귀양실재의 유래를 물어도 잘 모르고 있다. 아무래도 북쪽에 구량실 마을이 있는 것으로 보아 구량실재가 변음된 성싶다. 양측으로 시멘트 포장이 돼 있고 귀양실재 아래는 부전저수지 물을 넘기는 도수로가 지난다.

전망 좋은 광산 김씨 숙부인 묘소에서 바라보는 정읍시가지와 내장산 줄기와 칠보산 모습이 한 폭의 산수화다. 벤치가 있는 능선에 삼각점(정읍 469)이 있다. 내장산으로 이어지는 외곽도로 터널을 지나 남쪽의 내장산과 시가지를 바라보며 송림을 걸으면 서남쪽으로 안산(코끼리산)과 초산, 서쪽으로 성황산이 보인다. 당집이 고개를 점령하고 있는 상리고개다(칠보산에서 1시간 30분 거리). 이곳에서 말고개까지는 길이 좋지 않아 오엽송 식재지로 올라 잡목을 헤치면 우측에 탱자나무 울타리가 있고 1번 국도가 보이는 절개지 능선을 걷는다. 곧이어 번호가 없는 삼각점이 있는 노적봉에서 절개지 시멘트 계단으로 옛적에 말 무덤이 있었다는 말고개 1번 국도로 내려선다(칠보산에서 1시간 45분 거리). 또는 옛적에 정읍천이 우측 말고개 옆으로 흘러 모래가 많아 모래 고개로 불렸다고 한다.

1번 국도를 건너 대덕사 옆 송림을 오르면 전망 좋은 정자가 세워져 있는 성황산에 닿는다(칠보산에서 2시간 거리). 정읍시가지와 내장산, 두승산이 한눈에 잡힌다. 남으로 내장산, 안산, 초산, 동으로 칠보산의 7봉, 고당산, 서쪽은 두승산과 정읍시가지가 한눈에 잡힌다. 산책하는 시민들이 제법 많다. 정상은 북쪽에 있는 봉우리로 이곳에서 서쪽의 정읍시청까지는 두락봉을 지나 0.5km, 정읍 2공단까지는 2km쯤 된다.

제2코스는 이렇다. 49번 도로인 칠보면 여옥리 수곡초교에서 서쪽 계곡을 지나 15분쯤이면 잘록이, 좌측의 송림 능선과 광산 김씨 묘소 2기를 만난다. 고개에 닿으면 시멘트 포장 임도가 이어지고 고스락까지 1시간 10분이 소요된다. 고스락에서 10분쯤이면 삿갓봉이고 묘소 3기를 지나 싸리재까지는 20분쯤 걸린다(수곡초교에서 1시간 40분).

49번 도로를 다시 만나는 싸리재는 남쪽은 수청리, 서쪽은 축현리다. 지금까지는 등산로가 희미했으나 이곳부터는 등산로가 있으므로 이곳부터 시작하는 것이 좋을 성싶다. 싸리재에서 1시간쯤 오르면 헬기장과 삼각점(정읍 473)이 있는 421.8봉에 닿는다. 산불감시초소가 있는 4봉까지는 20분이 소요되고, 정상인 5봉까지는 또다시 20분이 걸린다(싸리재에서 1시간 40분 소요). 정상에는 칠보 보림산악회에서 산신제단을 만들고 매년 연초에 제를 올리고 있다. 잡목이 우거져 희미한 길을 헤치면 패러글라이딩 활공장이 있는 6봉까지는 10분이 소요된다. 호남정맥 고당산에서 뻗어오는 정읍지맥을 만나고 산불감시가 있는 7봉까지는 6봉에서 10분이 걸리며, 싸리재에서 이곳까지는 2시간 소요된다.

특히 해발 400m 칠보산자락 숲속에는 복분자 농장이 있다. 이곳은 처음부터 끝까지 유기농법으로 재배한다.

〈칠보산 복분자 농장〉

[12] 정읍의 전설, 족두리 바위와 신부****

　사랑은 역시 서로가 함께해야 더 뜨거워지는 것일까,

　사랑하지만 끝내 이룰 수 없는 아름답고 슬픈 사랑의 이야기이다.

　아주 먼 옛날, 정읍시 칠보산 아래 죽도록 사랑하는 총각과 처녀가 있었다.

　몇 년을 서로 그리워하고 정을 나누던 두 사람은 결혼할 나이가 가까워지자,

　사모의 열기는 더욱 깊어만 갔다.

　하루도 만나지 않고는 마음을 가눌 수 없었다.

　이것을 눈치 챈 처녀의 집에서는 난리가 났다.

　처녀가 바람이 나면 집안이 망한다고 그 소문이 퍼질까 두려워 밖에도 못 나가게 하고 가두어 두고 말았다.

　출입이 금지된 처녀의 애타는 마음은 비길 수 없는 원망과 슬픔의 범벅이었다.

　부모님의 반대는 강경했다.

　너무 강경했기 때문에 처녀로서는 부모님의 말씀에 감히 입을 열 기

──────────

**** 이 글은 2001년 9월 25일 정읍문화원에서 발행한 『정읍의 전설』(김동필 편저)을 인용한 내용임.

회조차 없었다.

끝내는 죽어도 다른 남자한테는 시집갈 수 없다고 애원했으나 부모님의 반대는 죽음을 불사한 것이어서,

처녀의 몸으로서는 더 이상 버틸 수가 없었다.

처녀의 집에서는 좋다는 신랑감을 물색해 놓고 혼인날을 받았다.

날을 받은 처녀는 마음에도 전혀 없는 남자와 예를 마쳤다.

그러나 신부의 마음은 대쪽 같았다. 평생을 같이 살자고 약속해 놓은 굳은 맹세를 저버릴 수는 없었다.

정말 일편단심의 사랑의 불길을 막을 수가 없었다.

가마를 타고 가던 이 신부는 '한 남자를 그토록 사랑했는데 죽어도 다른 남자한테는 시집갈 수 없다'고,

마음먹고 죽어버릴 결심을 했다.

　신부를 태운 가마가 산꼭대기에 이르렀을 때 신부는 별안간 족두리를
벗어던지고 말았다.

　그리고 자기의 몸을 바위 아래에 날려버렸다.

　참으로 가슴 아픈 일이었다. 영원히 이룰 수 없는 사랑이었기에 이승
의 삶을 짧게 마감하고 바위 아래 한 점 안개로나 피어나기 위한 결단이
었을까,

신부가 던진 족두리가 떨어지면서 즉시 족두리 바위가 되고 말았다.

북면 구룡리와 내장동 금붕마을, 칠보면 수청리 경계 지점에 위치한 칠보산 산마루에 있는 큰 바위다.

그 모양이 족두리 같아 사람들은 이 바위를 볼 때마다 신부의 안타까운 사랑을 동정하고 있다.

그 후 이상한 일이 생겼다.

비가 오지 않아서 농작물이 말라갈 때 이 족두리 바위 밑에 가서 신부의 명복을 빌면서 기우제를 지내면 꼭 비가 온다고 한다.

이것은 신부의 슬픈 눈물이 비가 되어 내린다는 것이다.

또한 족두리 바위 밑이 명당이라 하여 많은 사람들이 저녁에 남몰래 묘를 썼다.

주위 마을에 족두리 바위 밑에 묘를 썼다는 소문이 돌게 되면 이상하게도 가뭄이 계속되었다.

그럴 때마다 주민들은 족두리 바위 밑을 뒤지면 묘를 발견할 수 있었고 발견 즉시 파묘해버렸다. 파묘 후 기우제를 지내면 꼭 비가 내렸다.

지금도 족두리 바위는 한 남자를 단심으로 사랑하는 사연을 안고 유구한 세월의 풍상 속에 우뚝 서 있다.

신부의 사랑, 어쩌면 그렇게 아름다울 수가 있을까.

사랑하므로 아름답다 했는가, 인간은 자기가 결심한 만큼 행복하다더니 신부도 저세상에서 행복했으리라. 피안에 피어난 한 송이 사랑, 영원히 아름답기를……

[13] 정읍의 전설, 대우 스님과 극락조*****

지금(서기 2001년)으로부터 불과 10여 년 전의 일이다.

내장산 벽련암에 머물고 있는 대우(1946~, 선운사, 내소사, 은적사 주지를 지냄) 스님은 어머니 상을 당했다.

14살에 출가했던 스님은 평소에도 어머님을 그리워하고 사모하는 효심은 남달리 절절하였다.

그러나 막상 어머님이 돌아가자 그 슬픔이야 하늘을 닿고도 남았지만 스님의 입장에서 재를 올리는 것도 사치스런 일인 것 같고, 그저 예불 시간에 왕생극락이나 빌어 드리려고 마음먹고 있었다.

그런데 주위 스님들이 어디 그럴 수가 있느냐며 천도재를 지내야 한다고 대우 스님도 모르는 가운데 음식을 장만하는 등 모든 준비를 끝내고 있었다.

스님들의 강력한 권유를 더 이상 뿌리칠 수 없어 대우 스님은 여러 스님들의 고마운 뜻을 조용히 받아들이고 있었다.

***** 이 글은 2001년 9월 25일 정읍문화원에서 발행한 『정읍의 전설』(김동필 편저)을 인용한 내용임.

<내장산 벽련암 전경>

낙엽이 흩날리는 슬픈 가을날, 대우 스님 어머님의 영가 천도를 위한 49재를 올리고 있었다.

아침저녁으로 고인의 왕생극락을 기원하는 천도재가 봉행되었다. 속가에 사는 사람들은 49재를 흔히 하루에 끝내지만 절에서는 49일 동안 왕생극락 천도재를 모신다.

49재를 모시던 어느 날 갑자기 이상한 일이 벌어졌다. 아침 예불 시간인데 갑자기 법당 안에 새 한 마리가 날아들었다. 참새만 한 작은 새인데 아름답기 그지없는 이름 모를 새였다. 곧 새는 대우 스님의 머리에 앉았다가 날아갔다. 저녁 예불 시간에도 이 새는 날아왔다.

새가 대우 스님의 머리와 어깨를 번갈아 오가며 아름다운 몸매를 뽐내는 듯 날렵하게 움직이고 있었다. 그리고 무어라고 지저귀고 있었다. 이러한 일은 여러 날 계속되었다.

그러던 어느 날 밤, 대우 스님은 꿈을 꾸었다.

꿈에 돌아가신 어머님이 나타나더니 환히 웃으며 스님을 덥석 안고 하는 말이,

"네가 나를 그토록 걱정해주어서 참으로 고맙다. 나는 좋은 세상, 아름다운 세상인 정토에 와서 좋은 인연을 만나 잘 살게 되었단다. 이후로 내 걱정은 조금도 말고, 네가 가는 길에 정진하도록 하라" 하는 것이었다.

<대우 스님이 어머님을 그리워하며 「어머님」이란 시를 지어 내장산에 시비를 만듦>

\<어머님의 극락왕생을 빌며 시비 앞을 거니는 대우 스님의 모습\>

깨어보니 꿈이었다. 스님은 어머님을 만나 뵌 것은 기쁨이었지만 꿈이고 보니 허전하고 쓸쓸하였다.

이 꿈의 내용이 주위 스님들과 보살들에게 전해지고 차츰 세상에 알려지자 사람들은 말하기를 "이 새는 대우 스님의 효심, 즉 스님의 간절한 발원이 이뤄져 극락정토에 살게 된 어머님이 보낸 사자다"라며 이 새를 가리켜 극락조, 혹은 관음조라 부르고 있다.

[14] 고려가요의 고향 이야기를 찾아서, 쌍화점*

정읍 옹동면 능향마을 가는 입구에 장승이 있다.

「쌍화점」은 충렬왕 24년에 『고려사』에 기록된 삼장, 사룡의 노래이다.

고려 무신정권부터 최충헌 3대의 군사통치로 고려왕권이 빼앗긴 것

---

* 출처: 고구려, 백제, 신라 소리 찾기.

을 송군비 장군의 입암산 전투에서 몽고군 관리를 생포하는 대승으로 몽고와의 전쟁에서 화친의 계기가 되어 고려 왕씨 왕권을 되찾아준 세력이 정읍지역 송씨 세력이었다.

송인의 고향에서 가장 아름다운 미인 태인 시씨 궁녀가 궁중에 들어가서 충열왕의 총애를 받고 무비의 칭호를 받고 개성의 도라산으로 자주 사냥 나가서 동거를 하였다.

국악대사전에 '도라산'녀로 나오는 태인 시씨의 태어난 고향 땅은 정읍시 옹동면 성철리 능향마을이다. 시무비, 백야단, 백야진, 시거 등 충열왕국 내파를 몽고파 충선왕이 모두 숙청하고 충열왕을 폐위시킨 후 다시 복권하여 유행된 노래이다.

능향마을은 앞뒤에 성철마을, 시우정(詩友亭)마을, 시목동 잔시내(유상곡수) 등 시씨와 유사한 이름과 중국사신과 술잔을 냇물 위에 띄우는 이름의 잔시내마을이 있다. 당시 이 태인 시씨 본향지인 옹동면 능향마을에서 시집온 '능향댁'이라는 90세 할머니가 살았다고 한다.

옛날에 능향에서 딸을 낳았는데 손을 펴지 않고 태어났다.

그래서 오래 걱정하다가 뒤에 손을 억지로 폈더니 임금 왕(王) 자가 쓰여 있었다.

손을 펴보지 않아야 하는데 그 때문에 왕비가 되지 못했다고 한다.

충열왕은 미녀 애첩 시씨를 유배시켰는데 훗날에 이곳 근처에서 충열왕을 그리며 여생을 마쳤다고 한다.

쌍화점곡은 현재 농부가와 성주풀이 새타령과 유사한 소리다.

같은 노래로서 지리산가 반등산가 선운산가도 모두 안록산 황제 치하에서도 장사현에 도망간 당현종을 그리워하는 충성의 노래로서 중국사신에게 정읍 음성향에서 이자겸이 가사를 개작한 가사로 추정된다.

허이기, 최치원, 장보고 등이 당나라에서 참전하고 데려온 사람이거나, 태인 허씨 후손 이자겸 통치시대 전후에 송나라 사신이 대거 망명하여 이곳에 정착한 성씨, 시씨의 성씨는 이곳 능향이 본관이다.

따라서 고려사 충열왕의 애인 시씨 무비의 이야기라고 판단된다.

일본 역사서 일본서기 기록으로 478년 백제 대산성 반란 사건의 산성으로 한일 학자들이 지목하는 대산성(帶山城)은 '능성골'이라는 이름으로 능향마을 앞의 산성이 있다.

일제시대 일본인은 이런 역사를 알고 이곳 땅을 사들여 문화 유적으로 기념하려 하였으나, 해방과 6·25전쟁 그리고 군부정치로 버려져 있었다.

그 땅에 옹동중학교를 지으려고 하다가 학교도 못 세우고 개인의 소유로 되어버렸다. 그리고 능향마을은 성책(城柵)으로 사용한 이름인 옹동면 성철리 마을이 붙어 있다.

이보다 앞서서 거란군의 침공으로 고려 현종왕이 전남 나주성으로 피난하면서 서쪽 2킬로 지점의 태인면 왕림마을에서 숙박하면서 태인 허씨 두 명의 후손이 현종 왕비로 들어가는 계기가 되었다.

백제, 통일신라, 고려시대까지 이어서 중국 사신 맞이 가무향연의 정읍 삼산동 '음성향'으로 사신 맞이 가무와 유상곡수 시 짓기가 유행하고 가무악공을 양성하는 기관을 통치하는 군청소재지여서 자색이 뛰어난 인물이 양성되어 중국이나 궁중으로 뽑혀간 사람이 많았다.

충열왕의 왕비가 되어가는 마당에 몽고인 사위 이곤이 강간하여 시무비를 간통으로 몰아서 유배시키고 숙창원비를 충열왕 후비로 들여서 정읍의 송씨 세력을 철저하게 몽고세력 충선왕이 잘라버렸다.

「쌍화점」은 충열왕과 고려궁중 세력이 원나라 세력 회회아비 장순룡과 충선왕에게 짓밟힌 비련의 슬픈 유행가를 80년 후에 공민왕의 신세타령으로 쌍화점 노래를 부른 것이 영화 <쌍화점> 내용이다.

영화 <쌍화점>은 공민왕이 주제가로 고려가요 「쌍화점」을 간접적으로 부르는 것으로 되어 있다.

그러나 「쌍화점(삼장)」 고려가요는 천하일색 능향(태인) 시씨가 몽고인 장순룡의 사위 이곤이 강간하여 장안에 퍼지고 미녀 시씨 위상을 추락시키려는 의도로 유행시키고 『고려사』에 기록했다.

"삼장사에서 손목 잡히고 그 고관을 따라 궁녀가 되어 몽고인 사위

이곤과 간통 했다네"라는 노래를 퍼트려서 충열왕의 국내파 세력을 숙청해버리는 작전 방송이었다.

충열왕이 왕위에서 밀려나고 아들 충선왕이 정읍 호족 세력을 숙청하게 된다.

이런 비련의 사건으로 태인 시씨 무비는 궁에서 밀려나서 충열왕을 그리워하며 산에 올라서서 망부석 노래를 하였으리라 추측되는 설이 있다.

마구 버려진 농촌 옹동면에서 능향마을 입구에 장승을 세워서 올해 보름날에 농악을 치고 당산굿을 하였다.

충열왕 때 원나라 그 쌍화점 회회아비는 장순룡이다.

회회인 삼가(三哥)는 1274년 고려 충열왕비가 된 원나라 공주의 시종관으로 고려에 와서 높은 관직에까지 올랐던 사람으로 충열왕으로부터 장순룡(張舜龍)이라는 이름을 하사받았고 고려 여인과 결혼해서 한민족에 동화된 무슬림이었다.

부지밀직사사(副知密直司事)와 대장군의 관직을 받기까지 했다.

몽고 대사관 같은 세력으로 군림하고 충열왕의 애첩까지 강간한 것으

로 그런 내용을 퍼뜨리는 노래가 삼장사였는데 후에 「쌍화점」으로 공민
왕대까지 유행하고 이곳 사람 유자광이 이 노래를 『악학궤범』 국악책
그리고 연산군 시대 『시용향악보』에 한글로 「정읍사」 삼장사 노래를 옮
겨 적은 것으로 본다.

사실 「삼장사(쌍화점)」, 「정읍사」, 「동동가요」는 천해서 그 누구도 버
린 노래이다.

유씨 족보에는 유자광의 큰어머니가 여기 송씨로 되어 있으나 송씨
족보 등 중종 이후 제작된 모든 타 족보에는 유자광 명단을 삭제해야 살
아나는 시대였다.

작품에서 제시된 공간은 행위주체와 밀접한 관련이 있는 공간이다.
삼장사-사주, 우물-우물용, 술풀집-그짓아비의 관계에서 보이듯, 행위 주
체의 생활공간이라 할 수 있다. 그런데, 행위 주체인 회회아비는 어떤
인물인지가 분명하지 않다. 다만, 삿기광대라는 그다음의 표현과 연결
지어 생각해볼 때 어른 광대라는 의미가 아닐까 추측해볼 수 있다. 양주
동, 박병채는 쌍화를 饅頭라고 보았는데, 만두는 새끼 광대와의 연결이

자연스럽지 않으므로 타당하지 않다. 다른 연의 의미 흐름과 같은 맥락에서 보면, 쌍화점은 쌍화를 파는 곳이고, 회회아비는 그 주인이 되며, 삿기광대는 쌍화점에서 일하는 사람이다. 삿기광대는 회회아비 휘하에 소속되어 있다. 2연에서 사주와 삿기상좌의 관계처럼 회회아비를 삿기광대에 대응하는 어른(큰) 광대라고 가정한다면, 그 관계에서 쌍화는 광대들이 파는 물건이라고 추정할 수 있을 것이다. 쌍화점의 점주는 외인인 회회아비이고, 쌍화를 파는 점주 밑에는 삿기광대가 있다. 그러므로 쌍화점은 광대들의 연희와 관계되는 도구를 파는 상점으로 상정해볼 수 있으며, 쌍화점은 광대들의 노래다.

송인의 집 앞에 냇물 흐르는 자연석에서 최고 수준의 가무향연 펼친 곳으로 만들어져 있다. 몽고 사막 바람 유목민은 모두 햇볕에 얼굴이 타서 단장한 고려 여인을 보면 모두가 선녀로 보인다.

그래서 회회아비 몽고 귀족 장군은 고찰해보면 여기서 건너간 경우가 많다.

기황후 역시 전북 익산 사람 이공로가 익산 금마 여산 송씨 송인과 가까운 고향사람으로 미리 알려진 사이였다.

충선왕 이후 몽고 기황후 기철, 권 황태자비 권씨 시대를 공민왕이 숙청하였다.

그리고 공민왕 3년에 이곳 태산현을 태산군으로 이곳 임씨 임몽고 불화가 몽고 사신으로 와서 승격시켰다.

공민왕의 모친 홍씨는 우왕 창왕을 이성계가 죽이고 충선왕이 이곳 호족 송씨 세력 송인, 송영방, 시무비 등과 함께 죽인 왕족 서원후 후손 공양왕을 세우고 여산 송씨 송인의 아들 송안과 합세하고 이성계의 여진족 퉁두란과 합세하여 왜적 아지발도를 막아냈다.

쌍화점 노래로 울며 떠난 시무비 세력은 송인의 아들 송안이 군악대장으로 함경도에서 이성계에 합류하였고 후손 송인수가 단종의 장인으로 세조대왕 친구로서 득세하였으나 사육신의 반란으로 좌절되었다.

성종 연산군 시대에 『악학괘범』 발행인 유자광의 노력으로 『악학괘범』에 민족음악 한글가사 「정읍사」, 「동동」을 기록하였고 중종 이후 민족음악은 금지 말살되었다.

유자광의 큰어머니는 단종 왕비의 여산 송씨 친족으로 수양대군의 친구이며, 단종시대 송현수 내각의 벼슬 집안이었다. 세조는 가야금 계면조 대연주가로 유명하였고 그의 충신 유자광이 죽음의 악조건에서도 『악학괘범』 음악책을 만든 민속악 자료가 여기서 수집한 것으로 본다.

최초의 학교국악교육은 동학군 강증산계의 친족 강영구 교장과 그의 딸이 1955년 전주농고에서 한국 최초로 이루어졌다. 이어 1973년 전주대사습놀이 국악경연을 송광섭, 송영주(국회의원)가 창립하여 민족음악의 대를 이어서 계승하였다.

[15] 정읍의 뿌리–정(井) 자형 우물이 있는 정해마을**

❀ 물 이야기

사람은 물이 없이는 살지 못한다. 물은 풍수상으로 뒤에 주산이 있고
좌청룡, 우백호 앞에는 안산과 조산이 있는 가운데 흘러 들어오는 것이
명당수라 한다. 흘러 나가는 것은 풍수지리에 합당해야 하는데 흘러 나
가는 모습이 보이는 것은 좋지 않다고 이야기한다. 그것은 마을 사람들
의 재물이 물을 따라 흘러 밖으로 나가는 것으로 생각하기 때문이다.

아득한 선사시대에도 우리 선조들은 물가를 찾아 해안이나 하천 근
방에 터를 잡고 생활하였다. 구석기인들이 터를 잡았던 것으로 알려진
곳도 짐승이 물 먹으러 내려오는 자리이거나 물 먹으러 내려오는 것을
바라볼 수 있는 곳, 햇빛이 잘 비치는 남향받이, 강물이 마주치는 자리
였다.

물은 인간이나 동물이나 할 것 없이 살아 있는 모든 생명체의 근원이

** 『정읍통문』에 연재한 김재영의 '샘솟는 땅 정읍의 문화'에서 인용.

자 시작이다. 우리의 전통적인 취락 형태도 북서풍을 막아주는 나지막한 야산을 뒤로 두고 앞에는 시냇물이 흐르는 곳에 자리한 배산임수(背山臨水)의 형태가 아니던가.

'우물 정' 자를 쓰고 있는 정읍은 한 자만 파면 물이 나온다는 지역이다. 보통 우물과 샘을 같이 쓰고 있지만 사실은 우물은 인공을 가해 만든 것이고 샘은 자연적으로 흘러 고인 물을 의미한다.

이중환은 『택리지』에서 흙과 모래가 곱고 조밀하면 우물이나 샘물이 맑고 차다 했다. 흙빛이 붉은 진흙, 검은 사력황토이면 이는 죽은 흙이라 했고, 이러한 토질에서 나온 우물이나 샘물에는, 반드시 장기가 있다 하였다. 장기는 땅에서 나는 나쁜 기운으로 사람이 쐬면 열병을 앓는다 했다. 남원과 구례는 장기가 있어 물맛이 좋지 않다고 했으나 많이 좋아졌다 했다. 실제 이런 지역에 가서 이 고장의 물맛과 비교해보면 당장에 알 수 있는 일이다. 물이 좋고 나쁨을 알려면 전국을 다녀볼 필요가 있다. 그래야 물 하나만 가지고서도 이 지역에 대한 고마움과 자긍심이 동시에 생길 것이기 때문이다.

흔히 무분별한 소비 행태를 두고 '돈을 물 쓰듯 한다'고 한다. 물이 흔한 것을 돈에 비유한 말이다. 그러나 그 흔한 물을 중동 지역처럼 언젠가 우리도 비싼 돈을 주고 사 마셔야 하는 때가 오지 말라는 법이 없다. 지금도 사 마시고 있긴 하지만 아직은 그렇게 우려할 만한 일이 아닌 것 같다. 그래서 물의 소중함을 일깨우기 위해 4325년(1992) 브라질 리우데자네이루에서 178개국이 참가한 가운데 유엔 환경 개발회의가 개최되어 환경과 개발에 관한 리우선언을 발표하였다. 여기서 매년 3월 22일을 '세계 물의 날'로 제정 선포하였다. 흔한 것이 가장 소중한 것임을 우리는 잊고 산다. 맑은 공기가 그렇고 깨끗한 물이 그렇다. 물도 자원이다. 이제는 아껴 쓰자.

신라 영토 안에서 발견된 공예품 중 연대(2748년/415)가 확실한 것으로 경주 호우총에서 발견된 호우명 그릇이 있다. 광개토왕의 제사용 그릇으로 사용되었던 청동합호우 밑바닥에는 '井 乙卯年 國岡上廣開土地好太王 壺 十'이라는 글자가 새겨져 있다. 왜 여기에 '우물 정' 자가 새겨져 있는지 궁금할 것이다. 『역경』 계사전에 '帝出乎震'이라는 말이 있다. 임금은 바로 진의 방향에서 나온다는 말로 제왕이 진역인 동북 지역에서 나온다는 뜻이다. 동북쪽은 고구려를 상징한다. 그렇다면 '우물 정' 자는 임금을 상징한다는 이야기가 된다. 정읍은 동북쪽이 아니지만 간혹 촌로들 가운데는 이 이야기를 곧잘 하는 분이 있기도 하다. '우물 정' 자를 쓰고 있는 정읍이 나라의 중심, 세계의 중심이 될지 어떻게 아느냐고 말이다.

차경석이 창설한 보천교에서는 인의와 경천을 교지로 삼고 교장(敎章)을 '우물 정(井)' 자로 하고 상투에 큰 갓을 쓰고 다녔다 한다. 이 '우물 정' 자에 오묘한 이치가 담겨 있기 때문일 것이다. 또한 『세종실록지리지』나 『신증동국여지승람』에는 정읍을 본관으로 하는 '우물 정' 자의 정씨 성이 한때 있었던 것으로 보이나 현재는 찾아볼 수 없으니 안타까울 뿐이다.

뿐만 아니라 옛날에는 물을 긷거나 물건을 교환하려고 우물가에 사람들이 모여들었다. 그래서 지금도 물건을 거래하는 곳을 시정(市井)이라 한다.

또한 생명의 근원인 이러한 물과 관련된 지명은 전국적으로 분포하지만 '우물 정' 자를 지명에 쓰고 있는 곳은 전국에 정읍밖에 없는 것으로 보인다.

그런 의미에서 본다면 '우물 정' 자를 지명으로 쓰고 있는 정읍은 참으로 역사가 깊고 그 의의 또한 크다고 생각한다.

❀ 온천과 지명

　서울 구로구 온수동은 300년 전 더운 물이 나왔다 하여 온수굴이라 하였다 하며 전라북도 익산시 왕궁면의 온수리는 지명 그대로 온천물이 나왔는데 옛 이름은 화산(火山)이었다고 전한다. 우리나라에서 가장 오래된 온천인 충청남도 온양온천 자리도 백제 때는 탕정(湯井)으로 불렀다가 그 뒤 온수현으로 불렸으며, 충청북도 중원군 상모면 온천리에는 속칭 '물안보', '물탕거리'라 불리는 곳에 현재 수안보(水安堡) 온천이 자리 잡고 있다. 또한 전라남도 곡성군 석곡면에도 예로부터 따뜻한 물이 나온다는 온수리라는 마을이 있어 지명에 근거하여 온천개발에 착수했다고 한다. 부곡(釜谷)온천이 있는 경상남도 창녕군 부곡면 온정리도 똑같은 경우이며, 전라남도 화순군 도곡면 천암리에도 온천이라는 마을이 있는데 백암마을 아래에 위치하고 있어 경상북도 울진군의 백암산 밑에 있는 백암온천과 묘하게 일치하고 있다.

　전라남도 나주 가야동(伽倻洞)에도 온수마을이 있어 따뜻한 물이 솟고 있으며, 4322년(1989) 당시 온천수 개발을 위해 외지에서 찾는 이가 가끔 있었다고 한다. 『한국지명총람』 전북 편 하에는 정읍시 감곡면 용곽리(龍郭里)의 온석골(곽동 동쪽 골짜기)에서도 바위틈에서 온수가 나와 나병 환자의 치료에 쓰인다 했고, 정읍시 고부면 남복리(南福里)와 장문리(長文里) 사이에 있는 원수골이라는 골짜기도 예전에 온천이 있어 온수골이라 했던 것을 습관음의 변화로 원수골로 되었다고 적고 있다. 정읍시 소성면 고교리 양천(陽川, 陽泉)마을도 일명 '석천'이라 하여 바위틈에서 나는 물맛이 아주 뛰어나다고 한다. 전라북도 정읍시 산외면 목욕리(沐浴里)도 원래 물이 맑고 좋아서 선녀들이 목욕하던 곳이라 하여 '멱수', '목욕소'라 했던 것을 4257년(1924) 일제 때 개명했다고 하는데 현재 온천 개발 중에 있는 것을 보면 땅 이름이란 결코 헛되게 붙여지는 것이 아니며 헛되게 붙여서도 안 된다는 것을 우리에게 일러준다.

이와 같이 전국에 있는 온천은 지명과 아주 밀접한 관계가 있어 정경숙 씨는 그의 저서인『한국온천과 약수』에서 온천과 지명의 상관관계를 분석하면서 온(溫) 자 지명이 55개소, 정(井) 자가 들어가는 지명이 172개소, 천(泉) 자 지명이 97개소, 부(釜) 자가 들어가는 지명이 8개소가 있다 했고 이외에 기후를 상징하는 곳이 34개소, 약수터가 60개소가 있다고 했다.

이런 측면에서 감곡, 소성, 고부지역을 탐사해보면 어떨까, 상교동 진산 마을에 양천이라는 불리는 지역이 그것이다.

4263년(1930)에 나온『정읍군 구 리동명 일람』에 과교동 진산마을에 있는 영정리(永丁里)를 '우물 정' 자의 영정리(永井里)로 기록하고 있고 공교롭게도 정승 무덤이 있는 곳을 이곳에서는 양천(陽川,陽泉)이라 하여 온수가 나올 것이라고 주민들은 이야기하고 있다. 전국에 있는 온천이 모두 지명과 관련이 있다는 점을 감안한다면 상당한 설득력이 있다. 온천물이 나오지 않는다 하더라도 지명관계상 물이 좋은 곳임에는 틀림이 없을 것이다.

❋ 피부병에 약효가 있는 새암실 약수(덕천면 망제봉 중턱)

정경숙 씨는『한국온천과 약수』라는 책에서 "약수는 탄산가스와 산소가 많이 들어가 있는 물로 함유 성분에 따라 독특한 맛을 내는데 진짜 약수는 작은 거품이 일고 사이다와 같이 혀끝을 톡 쏘는 자극성 맛이 난다"고 하였다. 따라서 대부분 약수터라 불리는 곳은 암석 사이에서 스며 나오는 석간수에 불과한 경우가 많다.

또한 약수는 밥을 할 때 물을 부어 놓으면 파란색이 돈다 하였다. 이 새암실 약수가 겨울철에는 파란색이 돌았다는 이야기가 있어 두드러기나 피부병에 약효가 있다 하여 오래전부터 많은 사람들이 몰려들었다. 약수터 앞에는 이곳에 계시는 스님의 글씨로 보이는 다음과 같은 안내문이 적혀 있다.

고려 고종 때 월인 스님이 천곡사에 계시면서 약수터 옆에 토굴을 짓고 기도하던 중 약수로 병자를 구하라는 부처님의 계시를 받고 말씀을 전파하였다. 그 후 약수를 마신 사람은 속병이 났고, 씻는 사람은 피부병이 나았다 한다.

조선시대 세종과 세조는 피부병을 지독하게 앓았던 임금으로 알려져 있다. 이 두 임금도 탕치를 위해 한 분은 초정약수터로, 한 분은 속리산 목욕소로 갔다는 이야기가 있을 정도로 예로부터 약수는 피부병에 탁월한 효능이 있던 것으로 전해지고 있다.

이곳 새암실은 망제봉 중턱에 위치하고 있어 맑은 물이 끊임없이 솟아오르고 있다. 물맛 또한 어느 곳에 비교해도 뒤지지 않는다. 정읍은 새암실 약수를 비롯한 시청 위생계에서 관리하는 50인 이하가 사용하는 약수터와 50인 이상이 사용하는 도에서 관리하고 있는 약수터가 있다. 관내에 있는 약수터는 내장 약수터 포함 9개가 있다.

이 중 용호약수는 여름철에는 1일 평균 1,000여 명이 사용하는 약수터로 좀처럼 마르지 않는다.

특히 용호약수는 정읍 시민들이 가장 많이 이용하고 있는 약수터로 서출동류하고 있다. 동의보감에 서출동류하는 물은 약수라 기록되어 있다.

물맛 또한 일품이다. 이곳은 상동의 왕성환 씨와 연지동의 김영욱 씨가 땅을 희사하고 시에서 2,200만 원을 들여 자연석을 쌓고 주변을 새롭게 단장하였다. 이 약수는 300년 전부터 있었으며 서출동류(西出東流) 하는 물로 예로부터 약수라 일컬어왔다.

옥천사 약수는 나병환자, 폐병, 위장병이 있는 사람들에게 효험이 있다고 알려져 있다. 동짓날(12월 22일)에는 200명이 몰려 약수를 떠가기도 했다. 육류나 생선 같은 비린 것을 먹고 가면 물이 갑자기 말라버린다 하여 정갈한 마음과 깨끗한 사람만이 약수를 뜨도록 하고 있다.

이 외에 내장산 일주문에서 우측으로 오르는 길에 신경계 위장병에 특효가 있다고 하는 백년약수가 있다. 서래봉 계곡 줄기에서 나오는 이 약수를 마시면 100년 이상 살게 된다는 데서 유래된 약수터이다. 또한 입암 백학마을에서 북창제를 거쳐 계곡을 따라 올라가면 북창약수가 있다. 소원성취를 비는 사람들의 발길이 끊이지 않는다.

❀ 정해 마을의 유래

『호구총수(4122년, 정조 1789)』에 정읍현 남일면 정해리로 기록되어 있어 성촌연대를 정조 이전으로 올려볼 수 있는 마을로 일명 '샘 바다'라고 한다. 이곳에는 옛날부터 정자형 우물의 큰 새암이 있었다고 한다. 촌로들에 의하면 옛날에 이곳이 바다였다는 구전이 있으며 풍수지리설로는 마을 지형이 배의 형국으로 가정에서 우물을 파면 배의 밑바닥에 구멍이 뚫리는 형태이고, 배의 밑바닥에 구멍이 뚫리면 배가 침몰된다는 논리에 따라 근래까지 가정에 우물이 없었다.

100여 가호가 사는 대촌에서 생활용수를 이 우물에 의존하여 왔기 때문에 큰 새암이라 하였다. 4306년(1973) 새마을 사업의 일환으로 마을길 포장공사를 하면서 예전의 위치에서 우측으로 약 5미터 정도 이전되어 있던 것을 정읍의 상징 우물로 삼고자 4327년(1994) 7월에 원래의 위치에다 우물을 복원하고 주변도 기와를 얹은 담장으로 깨끗이 정비하였다. 그러나 만들어만 놓았을 뿐 평상시 관리가 부실한 것으로 보였다.

마을 입구에는 수령이 300년 된 느티나무가 있다. 이 느티나무는 마치 나무 네 그루를 합친 것 같은 기묘한 형태로 되어 있다. 숙종 때 안국주 선생이 벼슬을 그만두고 고향인 정해에 내려온 기념으로 심었다 하며, 옛날에는 이곳에서 당산제를 지내고 나무에 새끼를 감아 마을의 평안을 기원했다 한다.

정읍은 정해 마을에서 비롯된 지명이다. 그러니까 그 뿌리가 정해 마을에 있는 셈이다. 그 뿌리를 가르쳐줄 겸해서 아이들을 데리고 현지답사를 해보자. 주민들의 자부심이 대단해 그들에게서 정읍의 역사에 대해 상세한 설명을 들을 수 있을 것이다. 관내 마을 중 흔치 않은 곳이다. 탐진 안씨가 주성을 이루고 있다.

[16] 전북의 의미, 정읍 무성서원

<무성서원>

사적 제166호로 지정된 정읍 무성서원(정읍시 칠보면 무성리 500)은 신라 후기의 학자 최치원(857~?)과 조선 중종(재위 1506~1544)때 관리였던 신잠(申潛)을 모시고 제사지내는 서원으로, 교육 기능과 제사 기능을 모두 갖고 있다. 이곳에는 성종 17년(1486) 이후의 봉심안, 강안, 심원

록, 원규 등의 귀중한 서원자료가 보존되어 있으며, 조선 후기 대원군의 서원철폐령에도 남아 있던 47개 서원 중 하나이다.

근래 정읍 무성서원 등 전국 9개 서원이 유네스코 세계유산 잠정목록에 등재됐다. 9개 서원은 무성서원 외에 도동서원(대구 달성), 남계서원(경남 함양), 소수서원(경북 영주), 옥산서원(경북 경주), 도산서원·병산서원(경북 안동), 필암서원(전남 장성), 돈암서원(충남 논산) 등이다. 이들 서원은 모두 국가지정문화재인 사적으로 지정돼 있다.

서원(書院)은 조선시대에 성리학의 연구와 교육을 목적으로 지방에 세운 사학(私學)을 일컫는 말이다.

중종 37년(1543) 풍기군수 주세붕이 순흥에서 고려의 학자 안향을 모시는 사당을 짓고 이듬해 '백운동서원'이라 한 것이 우리나라 최초의 서원이다. 명종 5년(1550)에는 풍기군수로 재임하던 퇴계 이황의 건의로 왕이 백운동서원에 '소수서원'이라는 사액을 하사했다. 사액은 편액뿐만 아니라 서원의 유지관리를 위한 책과 노비, 전결 등이 부수적으로 동반됐다.

서원은 명종 때에 거의 20개 가까이 세워졌으나 선조 때에 이르러서는 50여 개가 추가로 세워지고 그 가운데 21개가 당대에 사액을 받았다. 하지만 시대가 흐르면서 서원이 많아지고, 점차 권력화돼 면세를 목적으로 하거나 가문의 권위를 드러내는 수단으로 전락하자 1871년(고종 8) 대원군에 의해 대대적인 개혁조치가 단행된다. 대원군은 당시 679개의 서원 가운데 47개의 사액서원만을 남기고 나머지는 모두 강제 폐지시켰다.

일반적으로 서원은 선현에게 제사를 지내는 공간인 사당, 교육을 담당하는 공간인 강당, 유생들이 공부하며 숙식하는 공간인 동재(東齋)와 서재(西齋)로 구분되어진다.

택지는 음양오행설과 풍수지리설에 따라 적당한 위치를 선택했는데 거의 앞이 낮고 뒤가 높은 구릉지가 많다. 남쪽에서부터 정문·강당·사당을 일직선상에 두고, 그 양쪽에 동재와 서재를 배치했다. 사당에는 따로 담장을 쌓고 내삼문(內三門)을 만들어 통행하도록 했다. 또 담장을 높지 않게 세우고, 일부를 터서 내부에서 밖의 자연과 접할 수 있도록 했다.

최치원, 신잠, 정극인 등 7현 배향***

정읍시는 전북지역에서 서원이 가장 많이 남아 있는 곳이다.

칠보면 무성리에 있는 무성서원을 비롯해 북면의 남고서원, 덕천면의 동죽서원과 도계서원, 이평면의 창동서원 등이 면면이 명맥을 유지해오고 있다.

사적 제166호 무성서원은 신라 말 최치원****이 태산군수로 군민의 칭송을 받다가 합천군수로 떠나게 되니 그를 흠모하여 생전에 월연대에 생사당을 세우고 태산사라 부른 것이 시초였다. 이 사당은 고려 말에 훼파됐으나 성종 14년(1483)에 유림들의 발의로 지금의 자리로 옮겨졌다. 중종 39년(1544)에는 태인 현감으로 신잠이 부임하여 7년 동안 선정을 베풀다가 명종 4년(1549)에 강원도 간성 군수로 이임하니 역시 주민들이 생사당을 세워 그를 기렸다.

결국 숙종 22년(1696)에 '무성(武城)'이라는 사액을 받고 두 사당을 병합하여 '무성서원'이라 했다. 그 뒤 정극인, 송세림, 정언충, 김약묵, 김

*** 배향 인물로는 통일신라 말 태산 군수를 지낸 최치원 선생을 주벽으로 신잠, 정극인, 송세림, 정언충, 김약묵, 김관 등 7현을 향사하고 있다.

**** 무성서원에 보관 중이던 고운 최치원 선생 영정 2점(1784년 쌍계사에서 옮겨온 1점, 1831년 쌍계사본을 복사한 1점)을 1968년 국립중앙박물관 측이 문화재 지정을 목적으로 옮겨간 후 현재까지 반환하지 않고 있어 반환을 요청하고 있으며, 현재의 영정은 1923년 어진 화가 '석지' 채용신이 다시 그린 작품으로 전북도립미술관에 보관되어 있다.

관 등을 추가로 모셔 칠현을 배향하게 됐고, 정조 8년(1784)에는 쌍계사에서 최치원의 영정을 가져다 모셨다. 하지만 이 영정은 현재 행방이 묘연하며, 어진 화가인 채용신이 그린 모사본이 국립전주박물관에 보관돼 있다.

무성서원은 고종 5년(1868년) 단행된 대원군의 서원철폐령으로 위기를 맞기도 했으나 당시 현감과 유림 등의 청원으로 화를 면했다. 당시 전국의 수많은 사원 가운데 47개만이 살아남았는데, 전라도에서는 무성서원과 함께 장성의 필암서원, 광주의 포충사(褒忠祠)만이 철폐되지 않았다.

❀ 마을 근처에 위치, 건물이나 규모도 소박

무성서원은 다른 서원들이 비교적 민가와 떨어진 곳에 넓게 터를 잡아 자리한 것과는 달리, 민가 근처에 위치해 있는 데다 건물이나 규모도 퍽이나 소박한 모습이다.

무성서원은 모두 4채의 전각과 2개의 문으로 구성됐다. 하나의 중심 축선을 중심으로 누각과 강당, 사당이 일렬로 배열돼 있다.

가장 먼저 방문객을 맞는 건 문루(門樓)인 '현가루(鉉歌樓)'다. 현가루는 논어의 '현가불철(絃歌不輟)'에서 따온 말로, '거문고를 타며 노래함을 그치지 않는다'는 뜻이다. 이 말은 공자가 진(陳)·채(蔡)·광(匡)나라에서 횡액을 당하면서도 현가를 계속했다는 뜻으로 '어려움을 당하고 힘든 상황이 되어도 학문과 수양을 계속한다'는 의미다. 대문과 기둥을 붉게 칠한 이 건물은 정면 3칸, 측면 2칸의 2층 누각으로, 나무의 원형이 그대로 살아 있는 것은 물론 건축학적으로도 절묘한 구도가 돋보인다.

정면 5칸, 측면 2칸의 단층 기와집인 강당은 대청마루가 앞뒤 모두 문이나 벽이 없이 시원하게 툭 터져 있다. 마당이나 누각에서 바라보면, 강당을 지나 사당의 문이 보이고, 사당 영역이 모든 시선의 중심을 이룬다. 사당을 강조하는 것은 강학을 하면서도 제향(祭享)을 하는 공간이라는 것을 말하고 있다.

강당의 대청을 중심으로 좌우에는 단칸 협실이 있으며, 우측의 강수재와 좌측의 흥학재를 합하여 동·서재를 이루고 있다. 강당은 순조 25년 (1825)에 불타 없어진 것을 3년 후에 중건했다. 사방이 트여서 선황산을 내려온 바람이 금세 마루에까지 와 닿는다. 강당을 지나 높게 조성된 내삼문을 통과하면 사당인 태산사가 나온다. 태산사의 현판은 석전 황욱이 새로 써 달았다.

태산사에는 최치원을 가운데 중심에 두고, 오른쪽에 정극인·신잠·송세림, 왼쪽에 정언충·김약묵·김관을 배향했다.

❀ 고고한 학맥과 의병궐기 의기 서린 곳

무성서원이 위치한 곳은 칠보면 무성리 원촌마을로, '서원이 있는 마을'이란 뜻이다. 무성서원은 이 일대 유교문화의 심장으로 꼽힌다. 고고한 학맥을 이어준 선비들을 배향하고 있는 것은 물론이고, 국운이 격랑에 휩쓸렸을 때 분연히 붓을 던지고 칼을 잡은 선비와 백성들의 의기가 서린 곳이다.

무성서원 담장 밖에는 이곳 선비들의 의기를 기념한 '병오창의기적비'가 있다. 을사조약이 체결된 1906년 이 곳의 선비들은 나라를 위해 거병하기로 결의하고, 충청도 청양에 연금 중이던 면암 최익현을 맹주로 옹립했다.

면암은 변장하고 7일 밤낮을 걸어 산내면에 들었는데 마침 이곳에서 시묘살이 중이던 임병찬을 만나 뜻을 합하고 4월 무성서원을 본거지로 창의하였다. 800여 명의 의병이 순창에서 죽기를 각오하고 싸웠으나 정시해 등이 순국하고 임병찬과 최익현은 대마도에 유배됐다. 면암은 굶어서 순절하고 말았다.

❋ '태산선비문화' 정신 계승해야

정읍시는 이처럼 선비들의 기개와 고결함이 그대로 전해지고 있는 무성서원을 중심으로 '태산선비문화권' 개발을 추진 중이다.

지역으로는 신태인 일부와 태인, 칠보, 산외, 산내, 옹동, 북면 등이 해당된다.

이곳에는 3개의 서원과 10여 개의 사우, 20여 개의 효열정려, 10여 개의 누정이 산재해 있으며, 호남 제일정으로 손꼽히는 '피향정', 최초의 향약인 '고현동 향약', '김동수가옥' 등 국가지정문화재가 즐비하다. 또 태인동헌과 태인향교, 마을굿과 무당굿, 특히 우리나라에서 가장 오래된 술 마시는 예법인 '향음주례'가 지금도 전해오고 있다.

이 밖에도 불우헌 정극인이 남긴 「상춘곡」을 비롯해 조선 말기의 어진 화가인 석지 채용신, 서예가인 동초 김석곤 등 시(詩)·서(書)·화(畵)·악(樂)을 통해서도 정읍 예술문화의 정수를 꽃피웠다.

최치원 선생의 흔적이 남아 있는 무성서원과 태인 피향정, 불우헌 정극인의 「상춘곡」, 칠보면 시산리의 정순왕후 태생지, 면암 최익현 선생과 돈헌 임병찬 장군 등의 거병 등 유서 깊은 문화자원을 계승하겠다는 취지다.

[17] 입암산 산신령과 성웅 이순신

충무공 이순신*****은 1588년에 정읍 현감으로 근무한 적이 있다.

때는 임진왜란이 일어나고 전쟁이 한반도를 휩쓸던 당시 이순신 장군이 모함을 받아 백의종군을 하게 되었다. 백의종군을 하기 위해 다시 수군진영으로 향하여 가는 도중에 입암산 갈재 아래에 도착하니 날이 저물어 하룻밤을 자고 가게 되었는데 같이 따라가는 군사는 몇 명이 되지

***** 성웅 이순신은 정읍과 깊은 인연이 있다. 조산보만호(造山堡萬戶) 벼슬에 계실 때 호인(胡人)의 침입을 막지 못해 백의종군(白衣從軍)하시다 전라도관찰사인 이광(李洸)에게 발탁되시어 전라도의 조방장(助防將)이 되셨고, 1589년(선조 宣祖 22)12월에 45세로 정읍 현감(井邑縣監)에 부임하여 태인 현감(泰仁縣監)을 겸직하셨다. 정읍에서 1년 4개월 동안 재임(在任)하신 후 1591년 3월(선조 24) 유성룡(柳成龍)의 천거로 절충장군(折衝將軍) 진도 군수 등을 지내고, 같은 해 전라좌도 수군절도사(全羅左道水軍節度使)에 승진되고 좌수영(左水營: 麗水)에 부임하여 군비 확충에 힘쓰던 중 임진왜란을 당하셨다. 해전(海戰)에서 거북선으로 왜적을 물리치고 왜군의 서해의 진출(進出)을 막아 보급로를 차단하여 내륙에서도 승리를 안기었으나, 패주(敗走)하는 왜구의 퇴로를 막는 노량해전에서 왜구의 조총에 의해 54세의 나이로 1598년(宣祖 31) 11월 19일 새벽에 전사하셨다. 장군의 시신은 1599년 2월에 아산군(牙山郡) 금성산에 안장했다가 16년 후인 1604년(宣祖 37)에 나산에 이장(移葬)하였다. 정읍 충렬사에서 제사가 지내지기 시작한 것은 1643년(인조 仁祖 21)에 충무(忠武)라는 시호(諡號)가 내려져 1681년(숙종 肅宗 7) 유림(儒林)들이 장군의 유덕(遺德)을 추모하여 사우(祠宇)를 여아동(餘兒洞), 즉 지금의 과교동(科橋洞)에 창건하였다가 9년 후인 1689년(숙종 肅宗 16)에 현재의 위치 과교동 진산 마을로 옮겨왔다. 그 이후 영조(英祖) 때(정확한 시기는 알려지지 않음) 유애사(遺愛祠)라는 사액(賜額) 내려 유애사로 불리었다. 이후 1798년(정조 正祖 22)에 집의(執義) 유희진(柳希津)의 제사를 더하고 1854년(철종 哲宗 5)에 주부(主簿) 유춘필(柳春芯)의 제사가 더해지며 함께 제사를 지내다 1963년에 현재의 정읍시청 옆으로 충무공 이순신 장군만을 따로 모시는 충렬사를 창건하여 제사를 지내왔다. 충무공 이순신 장군만을 모시는 오늘의 충렬사는 충무공께서 부임한 지 375년이 지난 1949년 8월에 착공되어 공사가 시작되었다가 6·25사변으로 공사가 중단되어 14년 뒤인 1963년 4월에서야 완공되었다. 착공 후에는 충렬사 보존위원회가 구성되어 현재까지 해마다 충무공 탄신일에 제례를 올려 오고 있다. 이전까지 제사를 지내던 과교동 진산마을의 유애사는 1974년 9월 27일에 지방문화재(地方文化財) 기념물(記念物) 18호로 지정되었으며, 유애사 내부에는 아직도 1876년(고종 13) 나라에서 내린 유허비각(遺墟碑閣)이 세워져 있다.

않았다고 한다. 이 정보를 포착한 왜군 진영에서는 특수부대를 조직하여 입암산 갈재에서 매복을 하고 야간에 기습을 하여 이순신 장군을 암살하려는 계획을 세우고 기다리고 있었다. 이런 사실을 모르는 이순신 장군 일행은 날이 저물어 입암산 갈재 아래에서 숙박을 하게 되었다. 하루 종일 걸었던 탓에 모두 깊은 잠에 빠져들었는데……, 이순신 장군이 누군가 부르는 소리에 깨어보니 하얀 옷에 백발이 성성한 노인이 서서 바라보고 계시는 것이었다. 장군이 깜짝 놀라 "무슨 일로 부르는 것입니까", 노인께서 하시는 말씀이 "지금 곧 왜적의 야습이 있을 것이니 대비를 하라" 하시니, "장군께서 노인장은 뉘시온데 저에게 이런 말씀을 하십니까" 하니, "나는 입암산 산신령인데 그대는 이 나라를 구할 장수인지라 알려 주노라" 하시고는 홀연히 사라졌다. 이에 깜짝 놀라서 일어나 보니 꿈속에서의 내용이 현실과 같이 생생한지라 급히 병사들을 깨워 야간공습에 대비하니 과연 한밤중이 되자 왜적의 특공대가 야습을 하는 게 아닌가, 미리 대비한 줄 모르는 왜적의 공습을 막아서 모두 사살했다. 그리하여 입암산의 위기를 무사히 넘기고 임진왜란을 승리로 이끌었다고 한다. 이렇게 입암산 산신령과 충무공 이순신 장군과의 남다른 인연의 전설이 지금까지 구전되어 내려오고 있다.

02

시인 마당

[18] 엄마를 닮은 정읍의 향기, 신경숙

정읍시 과교동 원과교 일명 깻다리 마을 앞쪽에 있는 십여 그루의 노
거수들은 마을의 당산이기도 하고 방풍림 역할을 하기도 한다.

이 마을 앞에는 입암에서 내려오는 상당히 넓은 과교천이 흐르고 있
다. 이 천 위에 놓여 있던 다리가 깻다리이다. 전남 장성 갈재를 넘어와
서 한양을 가기 위해 반드시 건너야 할 다리이다.

이 마을이 거문고 괘의 형상을 하고 있어서 괘다리라고 불리다가 깻
다리로 불리었다는 이야기가 내려온다. 예전에는 목책 다리가 물에 휩
쓸려 내려가면 짐을 져다 주거나 사람을 건네주는 일로 생계를 이어가
는 사람도 있을 만큼 붐비는 마을이었다. 마을 앞 고목나무 아래로 주막
도 늘어서고 객줏집도 더러 있었을 것 같다.

지금도 국도 1호선을 따라 국토대행진 등을 하는 사람들이 반드시 거
쳐 가야 하는 길이다.

그러나 사실 문학을 좋아하는 사람들 몇몇 빼고는 이곳이 소설가 신
경숙의 고향마을이라는 것을 아는 사람들은 드물다.

신경숙 작가는 1964년 이 마을에서 태어났다. 농사를 짓는 아버지는
당시만 해도 딸들까지는 고등교육을 시키기에 힘에 부쳤었나 보다. 신

경숙은 정읍에서 중학교를 마치고 서울로 올라가 낮에는 일하고 밤에는 공부하는 산업체특별학교에 진학한다. 그녀의 힘들었던 시절이 그녀의 삶의 토대가 되고 문학의 밑거름이 되기도 했겠지만 그녀가 살았던 이 마을 또한 그녀 문학의 원천이 되었으리라.

그녀의 소설 속에 가끔 어린 시절이 녹아 있는 이 깻다리 마을이 등장한다. 그녀가 학교를 가기 위해 넘어 다녔던 당고개며 마을의 큰 우물, 깻다리 등…… 깻다리 마을에는 아직도 그녀의 어머니가 살고 있다. 그녀의 글 속에 등장하는 장소가 지금 정읍의 어디쯤일까를 유추하며 읽는 재미도 쏠쏠하다. 2008년 11월 출간한 『엄마를 부탁해』가 무섭게 팔려 나가며 '신경숙 신드롬'이란 말이 생길 정도다. 그가 불러일으킨 '문학적 사건'들은 한국 문학을 넘어 세계로 뻗어나가며, 세계인과 호흡을 같이 하며 시대와도 발걸음을 맞추고 있다.

그녀의 어린 시절에 등장하는 낡은 집은 아담한 양옥집으로 바뀌었다.

'엄마를 부탁해'가 미국에서 큰 호응을 얻음으로써 그녀는 이제 세계적인 작가로 발돋움하였다. 깻다리 마을의 경사이자 정읍의 경사다.

또한 이 마을은 동학혁명의 3대 거두였던 손화중 장군이 태어난 곳이기도 하다. 30여 년 전에 새롭게 농가주택이 지어져 지금은 옛집의 흔적이 없지만 그 집 마당에서 보면, 집 앞에 국사봉이 정면으로 바라다 보인다. 예사롭지 않은 집터이고 동네임을 짐작할 수 있다.

문학을 좋아하지 않는다 하더라도 정읍에 오면 깻다리 마을에 들려볼 일이다. 작가 신경숙이 거닐었던 깻다리 마을의 풍광 좋은 마을 숲 그늘에 앉아 그녀에게 문학 혼을 불어넣어 주었던 마을 이야기들을 한번쯤 되새겨보는 것도 재미있을 듯하다. 또한 백여 년 전 민중구제에 앞장섰던 동학혁명 지도자의 우렁찬 기개를 느껴보는 것도 의미 있는 일이리라.

사실 이 시대를 살고 있는 우리는 이웃에 누가 살고 있는지 관심을 끊은 채, 나만의 생활에 빠져 있다. 가진 것은 몇 배가 되었지만 가치는 줄어들었고, 달나라에도 갔다 왔지만 이웃집에 가서 이웃을 만나기는 더 힘들어졌다. 더구나 내가 살고 있는 정읍에 대하여는 조금도 생각할 겨를도 없이 우리는 삭막한 시대를 살고 있다. 이런 각박한 분위기 속에 사람들이 '정서적 피난처'로 엄마를 찾고 있다. 엄마의 등장은 2008년부터 소설 『엄마를 부탁해』에서 시작돼 연극으로 이어졌고 최근에는 그 열기가 영화와 드라마 심지어 다큐멘터리로까지 불이 붙었다.

작가의 작품 속에서 찾아낸 그녀의 정읍에 대한 추억은 곳곳에서 묻어나고 있다.

"아버지는 정읍에서 소를 기르신다."

"내가 태어난 그 집에 아직 부모님이 살고 계신다. 나는 그 집을 열다섯에 떠나왔다.

그해 모내기를 마친 날, 밤기차를 타고. 내가 떠나온 집은 생텍쥐페리네처럼 전나무와 보리수 대신 감나무와 헛간과 광이 있는 집. 그저 우리나라 어디서나 볼 수 있는 평범하고 전통적인 농가들이 있을 뿐인 그곳. 내 가슴속엔 아직도 그곳이 이 세상 어디보다 아름다운 곳으로 남아 있다."

"오빠들과 함께 살았던 정읍에서의 그 한때는 나의 역사이기도 하다. 읍내와 십 리 쯤 떨어진 변두리 농가에서 우리들의 유년은 그들에게 또한 그들의 역사이기도 할 것이다. 아버지의 회갑 날 나는 큰오빠가 도시에서 내려온 친구를 향해 여기가 내뿌리라고 말하는 걸 들었다."

"마을 아이들이 다니던 초등학교를 가는 길에 당고개재라고 불리는 재가 있었다. 나는 지금도 그 고장의 푸짐한 눈들을 기억하고 있다. 눈 내리는 날의 그 고장의 아침과 저녁은 참으로 차가웠다." (중략)

현재 작가는 한국 문학계에서 가장 뜨거운 이름이다. 적어도 한국 문화의 해외 진출이라는 측면에서 보면 그렇다. 최고의 공신력을 인정받는 뉴욕 타임스의 소설 베스트셀러 순위에 진입해 미국 시장에서 인기를 입증했다. 영국에서도 지난 4월에 영국판이 출간됐다. 이어 6월에는 프랑스 파리에서도 출판 기념회가 열리며 지구촌에 '엄마 신드롬'을 전파시키고 있다. 그의 발끝은 이제 유럽을 향하고 있다. 그의 일거수일투족이 한국 문학사를 새로 쓰는 것이라고 해도 과언이 아닐 정도로, 그는 이제껏 한국 문학이 가보지 못했던 길을 뚜벅뚜벅 걸어가고 있다.

작가의 열풍은 당분간 계속될 전망이다. 열풍의 진원지로 통하는 베스트셀러 『엄마를 부탁해』는 영화와 드라마 제작이 추진 중이다.

돌이켜보면 그는 좋은 의미에서 이슈 메이커인 적이 많았다. 시대와 대의명분에 짓눌려 문학이 공소해진다는 우려가 나오던 1990년대 초반 그는 특유의 시적인 문체로 한국문단을 강타했다. 90년대 중반에는 고등학교에 가기 위해 서울 구로공단에서 이른바 '공순이'로 일한 이력을 밝힌 자전 소설 『외딴방』을 계간 문예지 『문학 동네』에 연재해 커다란 반향을 불렀다.

우리의 잊혀진 '꿈'을 떠올리게 하는 그의 작품들은 그 의미가 독자들 자신의 유연성과 탄력성을 지닌 채로 다양하게 되살아날 수 있게 하는 마력을 지녔다. 그리고 그것들은 작품 속에서 능히 사로잡힘을 가능케 하는 매혹의 문체로 살아난다.

아울러 신경숙의 소설은 '비움'과 '채움'의 미학이다. 현존하는 것들과 연계하는 삶의 고리의 원천과 지향점을 제시하고 삶이 무엇인가를 성찰하게 한다. 깊은 슬픔으로 토해내는 진한 한숨과 슬픔은 비운이 채

움으로 이어지는 삶의 소리들이다. 그 소리는 기다림과 그리움을 갈망하는 마음의 소리이며, 현대인의 가슴에 자리한 살아 있는 소리이기도 하다. 그러기에 삶은 '그리움'을 간직한 채 '기다림'의 희망으로 살아야 한다는 결론이 나온다. 진부한 애정소설의 칙칙함을 벗어나 사랑의 소중함이란 신념 내지 의지의 결과물이라는 신선한 결론을 유도해 나가고 있기 때문에 그녀의 작품은 이렇게 사랑을 받고 있는 것 같다.

엄마를 닮은 정읍 그리고 정읍에 대한 추억이 곳곳에 묻어나는 작가의 아름다운 작품에 큰 박수를 보낸다.

[19] 추석에 들려주는 박형준 시인의 한가위별곡

불현듯 어릴 적 추억 속의 내 고향 추석풍경이 떠오른다. 가족 친지와 함께 차례를 지낸 다음 성묘를 마친 뒤 또래 아이들과 철없이 뛰놀던 황금들녘, 뒷동산 대나무를 잘라다가 곱줄을 달아 피라미를 낚던 개울 천, 동구 밖 코스모스 밭에서 술래잡기하는 중에 탐스럽게 익은 조롱박을 따다가 들켜서 술래가 된 일. 보름달이 떠오르는 밤이면 골목골목마다 아이들이 웃고 떠드는 소리가 하루 종일 들렸었다. 이 모두 내 고향 정읍의 풍경이다.

올해도 어김없이 추석은 찾아왔다. 여느 때처럼 사람들은 고향을 향해 발걸음을 재촉할 준비를 서두르고 있다. 하지만 올해는 추석 연휴기간 해외로 떠나는 여행객 숫자가 여름 성수기를 넘어설 것이라고 한다. 차례 대신 여행으로 명절 연휴를 보내겠다는 사람들이 늘고 있다는 얘기다.

그렇다고 줄지어 해외 관광길에 나설 만큼 씀씀이가 나아진 것은 결코 아닐 것이다. 특이하게도 우리나라는 국민소득 3만 달러가 되기도 전에 해외여행을 선택한 경우다. 먹고 살기도 만만치 않은 나라에서 명절 연휴를 해외에서 보내겠다는 사람들이 왜 이렇게 많아졌을까. 갈수록 고향에 대한 그리움이 퇴색돼가는 오늘날의 추석 풍속도가 고향 마니아들에겐 더없이 인생무상을 느끼게 하는 대목이다. 정우면 출신 박형준 시인은 담담한 어조로 이야기한다. 고향마을의 추석전통과 옛 문화를 올바르고 가치 있게 재창조하기 위해서는 명절 때만이라도 내 고향 정읍을 열심히 찾아야 한다고.

시인은 아버지 무덤가에 핀 붉은 꽃을 꺾는다. 그리고 추석날 무덤가에서 시인의 그 옛날의 슬픈 노래를 부른다.

> 어린아이들이 부산을 떨며 물가와 같은 기슭에서 놀고
> 농부들이 밭에서 일하다가 새참을 먹으며
> 죽은 조상들과 후손의 이야기를 나누던 저 무덤
> 그들과 같이 노래하고 탄식하던 그 자취를 따라
> 내 생이 제 스스로를 삼키는 이 심연 속으로 천천히 걸어 내려간다.
> (박형준 시인의 「무덤 사이」 중에서)

박형준은 정우면에서 가난한 농사꾼 집안의 2남 6녀 중 막내로 태어났다. 아버지는 평생 밭만 일궜다. 한글도 깨우치지 못한 채 흙과 씨름했다. 형과 누나들은 '아버지처럼 살진 않겠다'며 도시로 떠났다. 어린 형준은 철길에 떨어진 껌 종이 향내를 맡으면서 도시 냄새를 상상했다. 열두 살에 인천으로 올라온 그는 수문통에서 공장을 다니던 형·누나와 함께 살기 시작했다. 화려한 도시의 불빛을 동경했던 그는 어려운 삶을 처음 접하곤 큰 충격을 받았다. 그는 문학을 통해 남루한 현실에서 벗어날 출구를 찾았다. 1980년대 후반 제물포고교에 진학한 뒤 문예반에 들어갔고, 어릴 적 동경의 대상이었던 고창 출신 미당 서정주 시인의 시세계가 우울한 그의 영혼을 어루만져 줬다. 30세 이후에 미당 시를 '의도적'으로 읽기 시작, 미당 시에서 시적 모티브를 얻은 것도 사실이다. 앞으로도 그런 영향들은 선배시인에게서 본받아야 할 부분이다.

"영향이라고 하는 것은 일종의 망원경. 우리가 망원경으로 어떤 풍경을 바라봤을 때, 그 풍경을 도둑질한 것이 아니고 그 풍경을 더 잘 보려고 하는 욕구가 망원경적인 측면으로 나타난다. 시인 역시 서정주의 시에서 그런 것을 느낀다. 서정주라는 망원경을 가지고 시인이 자신의 추억과 현실을 한번 바라보는 것이다. 그렇기 때문에 그것이 서정주적일 수는 있지만 서정주의 것은 아니다. 일정 부분은 시인의 것이기도 하다."

무덤을 밥그릇에 비유한 것에서 알 수 있듯 시에 나오는 박형준의 모든 비유는 따뜻하다. 박형준은 어떤 기억들을 공간과 사물의 이미지로 바꾸는 데 익숙한 시인이다.

그는 「나는 채소 먹으러 하늘나라 가지」라는 시에서 이렇게 노래한다. "아버지는 이 세상의 채소를 다 먹고 하늘나라 채소를 맛보러 떠나셨을 것이다. 아버지의 하늘나라 길에는 채소밭이 끝도 없이 펼쳐져 있을 것이다. 밭을 사랑하며 밭 언덕에 모셔진 아버지."

콧날이 시큰한 시다. 박형준의 시에는 이런 특유의 아름다움이 있다. 고래고래 소리를 지르지 않고도 묵직하게 다가오는 아름다움. 그것이 박형준의 시다.

그동안 '인상적인 방식'으로 세상을 보았다면, 이제는 '좀 구체적인 묘사의 방식'으로 시를 표현하고 싶다고 박형준 시인은 말한다. 즉 기존에는 시인의 시각을 통해 세상을 축소·확장시켰다는데 이제는 타자의 시선으로 나를 발견하고 싶다고 한다. 완벽하진 않다고 하더라도 내가 발견됨으로써 세상을 살아가게 할 수 있는 이미지, 파편들을 시에 남기고 싶어 한다.

[20] '밀레'를 닮은 정읍 출신 '손세실리아' 시인

<손세실리아 시인이 현재 운영하고 있는 제주 올레길 18코스 시인의 집>

박경리의 『토지』, 존 스타인벡의 『분노의 포도』 등에서 보듯이 농촌을 배경으로 한 문학작품의 주된 소재는 대개 '농지'이다. 농지를 가진 사람과 못 가진 사람, 농지를 잃은 사람과 빼앗은 사람들이 치열하게 벌이는 쟁투와 영욕은 언제 봐도 짠한 느낌이다.

동서고금을 막론하고 농지가 농업인들의 애환을 생생하게 담아내는 매개가 된 데는 무엇보다 먹을거리에 가장 크게 영향을 미치는 요소이기 때문이다. 뿐만 아니라 농지는 농업인들에게 있어 단순한 자산의 의미를 넘어 부와 신분을 표식 하는 일종의 '계급장' 역할도 했다. 그런데 근래 이 농지가 빠른 속도로 줄어들고 있어 문제가 심각하다. 좀 더 정확하게 말하면 농사를 지을 사람들이 고향을 떠나서 농지가 급감하고 있다. 이것은 우리 농촌에 드리워진 또 하나의 암운(暗雲)임에 틀림없다. 농도인 정읍이 대표적인 경우이다.

이에 정읍 출신인 손세실리아 시인은 도시로 떠나는 사람들에게 경종을 울려준다. 그녀의 글은 따뜻한 체온을 지닌 손바닥처럼 농지를 지키고 있는 정읍 사람들의 주름진 이마를 정성껏 쓸어준다. 깊은 서정성과 삶의 진정성이 절묘한 힘을 구축하고 있어, 현실의 높은 벽들 앞에서도 먼저 마음을 알아채려고 노력하는 시인이다. 그런 의미에서 시인은 어쩌면 황혼이 지기 시작한 전원을 배경으로 기도를 드리고 있는 농부 부부의 모습을 통해 노동의 숭고함과 삶의 진실을 전해준 <만종>을 그린 밀레를 닮았다.

가난한 농부의 아들로 태어난 밀레는 일생 동안 그린 <이삭줍기>, <만종>, <양치는 소녀>, <씨를 뿌리는 사람> 등의 대표적인 작품만 보아도 농촌지킴이 역할을 얼마나 톡톡히 해냈는가를 알 수가 있는 대목이다.

농촌지킴이었던 밀레의 슬픈 사연은 오늘을 사는 우리에게 잔잔한 감동과 교훈을 던져준다. 당시 농촌의 아름다운 전원과 농부들을 그렸지만 당시에는 그를 알아주는 사람이 없었다. 밀레가 <접목을 하고 있는 농부>를 그리고 있을 때였다. 그림 한 점 팔지 못한 밀레는 불기 없는 냉방에서 그림을 그렸으며 가족들은 며칠째 굶고 있었다. 식량과 땔감이 떨어진 것이다. 그림을 완성한 밀레가 기쁜 얼굴로 가족들을 돌아보았지만 아내와 아이들은 핼쑥한 얼굴로 웃고 있었다. 밀레는 너무나 미안한 마음에 목이 메었다. 밀레가 주섬주섬 옷을 입고 있는데 친구인 철학자 루소가 찾아왔다. "여보게 밀레, 내가 기쁜 소식을 가져왔네. 드디어 자네 그림을 이해하고 사겠다는 사람이 나타났단 말일세."

루소는 자기 일처럼 기뻐했다. "그런데 그 사람이 나에게 돈을 주며 대신 그림을 골라 오라고 부탁했네. 자, 여기 돈 받게나." 루소는 두툼한 지폐 뭉치를 밀레의 손에 쥐어주며 말했다. 그리고 밀레가 막 끝낸 그림 '접목을 하고 있는 농부'를 들고 돌아갔다.

그리고 몇 년이 흘렀다. 밀레가 루소의 집을 방문했다. 루소는 마침 외출 중이어서 밀레는 루소가 올 때까지 기다리기 위해 방으로 들어갔다. 그런데 한쪽 벽에 낯익은 그림 한 점이 걸려 있는 것을 보게 되었다.

그 그림을 본 밀레는 깜짝 놀랐다. 그것은 몇 년 전에 밀레가 그린 <접목을 하고 있는 농부>였던 것이다. 루소의 따뜻한 마음을 안 밀레의 가슴은 뭉클해졌다. 그의 눈엔 눈물이 가득 차오르고 있었다. 밀레를 닮은 손세실리아 시인은 정읍 영원면 출신으로 정읍여중과 정주여고를 졸업했다. 10년 전 『사람의 문학』으로 작품 활동을 시작한 그녀는 삶만큼 시를 쓰는 시인이다. 화단에 심어 놓은 벼를 보고도 시를 쓰는 그녀의 문학 속에는 정읍이라는 고향농촌이 숨어 있다.

원인 모를 화재로 전소된 고향집을 등지고 읍내로 나온 엄마는 양조장에서 쌀 빚을 얻어 반쯤은 불타버린 장롱을 뒤집어 놓고 선술집을 차리셨다. (「그대 빈자리가 더욱 그리운」에서)

집안 살림과 문학 살림을 겸업하고 있는 손 시인은 주말이면 전국농

산어촌을 다니며 시보다 먼저 사람을 만난다. 산문집에는 그가 길에서 만난 사람들의 이야기가 실타래처럼 감겨져 있다. 그리고 「저문 산에 꽃燈 하나 내걸다」 등의 시에서는 '밀레'처럼 대자연을 사랑하는 서정성을 엿볼 수 있다.

밀레가 평생 동안 농촌의 자연을 그렸듯이 그녀에게 있어서 대자연의 시는 곧 삶이요, 철학이었다. 즉, 고향의 자연을 통해 그림 그리기를 발현시켰던 밀레처럼 손 시인 또한 그 의지를 추동시키는 문학의 동력이 되었던 것이다. 오랜 시간 몸과 마음의 상처를 뒤척이게 한 세계를 길어 올린 『기차를 놓치다(2005)』를 보면, 시인의 의지와 자연의 서정성이 고스란히 나타나 있다. 조근 조근 말하는 어조로 써내려간 이 시집의 시편들은 그녀의 시가 세상살이의 숨구멍임을 느끼게 해준다.

그런 의미에서 이 시대를 살아가는 우리에게 손세실리아 시인의 문학은 '경종'을 울려주고 있다. 그녀의 시가 우리에게 경종의 울림을 준다는 것은 그녀의 삶이 곧 우리 정읍 사람들에게 울림을 준다는 말이다.
보지 않았던가. 석양을 등지고 손을 모으고 기도하면서 서 있는 두 사람을.
그 기도는 내 고향 농촌을 끝까지 지키겠다는 농민들과 그들의 모습을 그림에 담은 밀레의 다짐이자, 손세실리아시인의 바람인 것이다.

[21] 정읍의 방정환, 이준관 시인

한국 동시계를 대표하는 인물 중 한 명이자, 동시의 아버지 이준관 시인은 1949년 정읍 북면 마정리에서 태어났다. 2살 때 어머니 친가인 이평면 하송리로 이사하여 말목장터와 대들 평야에서 유년시절을 보냈다. 전주 해성중을 졸업한 후 전주고에 합격했으나 가정 사정으로 포기하고 대입검정고시를 거쳐 전주교육대학을 다녔다. 정읍여중과 고창 심원중, 성내중학교를 거쳐 영등포여고 교사를 역임했다.

1971년 서울신문 신춘문예에 동시 당선, 1974년 '심상' 신인상에 시가 당선된 시인이며 아동 문학가이다. 그동안 아름다운 자연과 어린이의 생활을 발상과 독특한 시각으로 표현한 동시를 써서 창주아동문학상, 한국아동문학 작가상, 대한민국 문학상, 방정환 문학상을 받았으며 2004년에 동시집 『내가 채송화 꽃처럼 조그마했을 때』로 소천 아동 문학상을 받았다. 지은 책으로는 동시집 『씀바귀 꽃』『우리나라 아이들이 좋아서』와 동화 『눈이 딱 마주쳤어요』가 있다. 또한 동시작가 이준관(58)씨가 동시이론과 창작방법 등을 핵심 키워드 형식으로 정리한 『동시쓰기』를 펴냈다.

우람한 팽나무 아래에서 인생에서 가장 소중한 것들, 참다운 우정과 양보하는 마음과 서로를 이해하고 사랑하는 법을 배워 나가는 아이들의 이야기가 동화 작가 이준관 특유의 간결한 문체로 따스하게 펼쳐지는 성장 동화!

민철이 준호, 후식이 순남이 등 매일 같이 동네 어귀 팽나무 아래에서 모여 노는 아이들과 곡마단 할아버지와 큰 개 장한이를 중심으로 참다운 우정과 올바른 삶에 대해 가르쳐주는 가슴 따스한 이야기가 펼쳐진다(첫눈이 일찍 오는 마을의 동화 중에서).

이준관의 동시집을 읽다 보면, 먼저 T·S 엘리엇의 '객관적 상관물'을 떠올리게 된다. 객관적 상관물이란 시인의 기쁨에 관한 시를 쓰려고 할 때, 직접 기쁘다고 말하는 것이 아니라, 독자가 시인이 의도하는 기쁨을 스스로 느낄 수 있도록 구체적인 사물을 제시해야 한다는 것이다. 이 동시집에 실려 있는 작품을 보더라도 객관적이고 구체적인 사실을 인지할 수 있게 된다.

즉,『내가 채송화 꽃처럼 조그마했을 때』,「어려운 문제를 못 풀어 쩔쩔매는 나에게」,「달팽이처럼 조그만 아이」 등의 제목에서 사실이나 사물의 인식을 누구나 쉽게 할 수 있다. 어떻게 보면 명사형의 제목보다 설명적이긴 하지만 상황을 구체적으로 인식하고 이해하는 데 도움을 주고 있는 것은 분명하다. 이준관 시인의 동시집을 읽다 보면, 작품의 변화를 어렵사리 찾아낼 수가 있다.

첫째, 작품 속에 담겨진 화자가 대부분 1인칭으로 되어 있다는 것이다. '나는'이라는 1인칭의 화자가 곧 어린이의 입장을 대변하기 때문에 직접 어린이의 목소리로 나타낼 수 있는 용이한 점을 가지고 있다. 다시 말하면 화자가 작품 속에서 어린이가 되어 어린이의 시각과 생각으로 사물을 노래하게 된다는 것이다. 이러한 기법은 동시에서 동심을 나타내는 데 한 방법이 될 수 있고, 어린 독자들에게 쉽게 다가설 수 있는 장점을 가지고 있다.

둘째, 사물의 세심한 관찰과 구체적인 표현을 들 수 있다. 시가 힘을 얻으려면 감동을 주어야 한다. 감동은 잘 다듬어진 표현이나 아름다운 말에서 오는 것이 아니라 생생한 경험이나 구체적인 표현에서 온다. 그의 동시가 독자들에게 관심의 대상이 되는 것은 바로 이러한 생활 속에서의 발견이 있기 때문이다. 책상에 앉아서 머리로 짜낸 것이 아니라, 직접 아이들과 생활하면서 찾아낸 생생한 삶이 담겨 있다. 이것이 이준관 동시의 가장 특징적인 것이다.

셋째, 상상력에 의한 이미지를 상징적으로 그려낸 것이 또 하나의 특징이다. 삶의 생생한 경험을 사실대로 나열한다면, 그것은 이미 시의 특성을 상실해버린 셈이다. 상징은 시의 감성과 시적 분위기, 시가 담고 있는 주제 의식을 한 단계 높여주는 구실을 한다. 이러한 시적 장치를 잘 활용하여 상징적 의미를 담고 있다. 시인은 실제로 그 같은 세계를 경험해보기 위해 수년간 놀이터에 나가 아이들과 어울려 놀아보기도 했다고 한다.

이 밖에도 시적 소재를 찾는 방법, 시적 생각을 전개하는 방법, 느낌을 살리는 방법, 동시에 쓰이는 언어, 비유를 고르는 방법, 이미지를 담아내는 방법, 리듬을 살리는 방법 등 다양한 실전 테크닉들을 실례를 들어 자세히 설명한다.

시인의 동시는 순수한 동심으로 돌아가 세상을 바라보고 쓴 시다. 근래 이준관 시인의 시는 동시의 진경을 부여주고 있다. 화자와 대상 그리고 시인의 거리감이 사라진 그의 작품은 한국 동시의 나아갈 길을 예시해주고 있다. 이것은 단순성을 최고의 자질로 추앙하는 동시의 성격에 주목한 결과이다. 특히 그의 시가 아이들의 표피적 관찰에 머문 언어유희에 빠지지 않고 있다는 사실은 동시대에 유행하는 가벼운 시 쓰기에 충격을 주는바가 적지 않을 것이다. 이준관 시인의 작품은 앞으로 우리 동시단에 한 모델을 형성할 수 있으리라 본다. 그것은 동시의 주 독자가 어린이이기 때문이다.

이준관 시인은 작년 2월에 한국동시문학회 제5대 회장으로 선출됐다. 이후 어린이들의 심성을 맑고 곱게 하기 위해 '아침 시 읽기 운동'을 펴고, 어린이공원과 지하철에 동시를 게시하도록 노력하고 있는 중이다.

[22] 50년 시력(詩歷)의 거장, 정읍이 낳은 장순하 시조시인

사봉 장순하 시인은 1928년 전라북도 정읍시 소성면 중광리 185번지에서 홍성 장씨 노현(弩鉉)과 울산 김씨 효순(孝順) 사이의 8남매 중 넷째이자 3남으로 출생했다. 어려서 젖이 적어 허약 체질이 되었다 하며, 한학자인 조부에게서 천자문을 배우다 소학교에 월반(越班) 입학하여 졸업했다. 광복 후 한글학회에 부설되었던 세종중등교사양성소를 수료(1948~50)하고, 1950년 6월 27일 윤제술(尹濟述) 교장(훗날 6선 국회의원, 제7대 국회 부의장 역임)과의 인연을 계기로 이후 16년간 전북 익산 남성고에서 국어 선생으로 교편을 잡았다. 이 무렵 여흥 민씨 복순과 결혼(1956)을 하고 한편, 원광대학교 국문과에 편입학하여 졸업(1958)했다. 1966년 이리 남성고교를 퇴임하고 출판계로 자리를 옮겨 편집과 저술로 일관했는데, 도서출판 일지사 편집고문(1966~69)을 거쳐 금강출판사를 설립 운영하기도 하고, 월간 수험지 『대학입시』 주간, 시지 『풀과 별』 발행인, 한국도로공사 편찬실장, 도서출판 가리내 대표 등을 역임하기도 했다.

그는 조숙한 문학 소년으로 소학교 졸업 전에 일본문학전집과 일역본 세계문학전집을 독파했고, 처음에는 자유시를 공부하다가 세종중등교

사양성소에서 가람 이병기의 강의를 받으면서 시조 창작에 전념했다.

1949년 12월『새교육지』에 처녀 시조「어머님 전 상살이」를 발표하고 이후 1957년 10월 개천절 경축 제1회 전국 백일장 시조부에 예선 장원하여 공식적으로 문단에 데뷔하였다. 그는 60년 시력(詩歷)을 쌓아온 우리 시조단의 몇 안 되는 원로로, 진작부터 투철한 실험정신(實驗精神)으로 전통시조의 형식을 탈피하는 새로운 형식을 꾸준히 추구함으로써 현대시조의 형식과 내용 면에 새 영역을 개척해왔다. 그가 낸 시조집으로는『백색부(白色賦)(1966)』,『묵계(墨契)(1974)』,『길손(1993)』,『백두산 가는 길(1993)』,『서울 귀거래(歸去來)(1997)』,『후일담(後日譚)(1997)』,『남한산성(1999)』,『사랑학 입문(1999)』 등이 있고, 편저로 현대시조선집『달빛과 사상(1983)』, 고시조 선해『동창이 밝았느냐(1985)』 등이 있다. 이외에도 그는 검인정 교과서인『고등작문(1967)』,『고등한문(1978, 1983)』,『중등한문(1983)』 등 20여 권의 국어와 한문 계통 참고서를 저술했으며, 논문 발표도 활발하여「시조문학 임상 고발(현대문학, 1968)」,「현대시조 60년사(현대문학, 1968)」,「현대시조문학의 거점(현대문학, 1969)」,「포효와 사모의 시(월간문학, 1970)」,「삼무(三無)의 문학(풀과 별, 1973)」,「사설시조론(노산고희기념문집, 1973)」,「현대시조의 방향(시조시인협회 세미나, 1973)」,「현대시조의 상황의식(현대시학, 1974)」 등을 발표했다. 한국문인협회 이사, 한국시조작가협회 부회장을 두루 역임했으며, 가람시조문학상(1981), 중앙시조대상(1987) 등을 받았다.

> 눈보라 비껴나는
> 전-군-가-도(全群街道)
> 퍼뜩 차창으로 스쳐가는 인정아!
> 외딴집 섬돌에 놓인
> 하나

둘
세 켤레

　보는 바대로 이 작품은 단수이다. 장순하 시인의 시조들을 훑어보면 「앵두나무는」, 「묵계」, 「징검다리」, 「도깝아」 등 오히려 연시조 가운데 명작이 많은 것이 사실이다. 그러나 굳이 이 단수를 택한 까닭은 이것이야말로 그의 시인으로서의 면목을 약여(躍如)하게 보여주고 있다는 점에서다. 말이 나왔으니 말이지만 현대시조 중흥기에 이 작품만큼 문단의 주목을 받은 작품도 드물 것이다.

　특히 장순하 시인의 「고무신」은 시의 기법상 뚜렷이 한 획을 그은 작품으로 평가되어 마땅하다. 시 속에 작은 액자를 방불케 하는 큰 기호의 도입은 본격적 콜라주 기법의 한 단계로 볼 수 있기 때문이다. 그리하여 비로소 우리는 '김기림, 이상(기초 단계)→장순하, 황지우(비약 단계)→이승훈(완성 단계)'라는 시에 있어서의 콜라주 기법 발달의 한 계보(系譜)를 마침내 유추해볼 수 있는 것이다. 그리고 이것으로 그의 "고무신"에 대한 나의 고찰도 일단락이 되었다. 그렇다면 이제는 화제를 바꿔 앞에서 이미 언급한 그의 왕성한 '실험정신(實驗精神)'에 말미암은 두어 가지 소회(所懷)를 덧붙이는 것으로 글을 마무리할 때가 된 셈이다.

　장순하 시인의 실험정신을 말함에 있어 빠뜨릴 수 없는 사항 중 하나는 그의 사설시조의 활성화에 대한 기여일 것이다. 사설시조의 창작이야 가람 이병기가 이미 「공손수」, 「풀벌레」, 「보리」 등의 작품을 창작한 바 있었고, 조운의 저 유명한 「구룡폭포」도 있으므로 그가 그것을 시도했다 해서 새삼스러운 일은 아니다. 그러나 당시의 사설시조 창작은 그 빈도에서 평시조나 연시조로 된 정격시조의 그것에 2~3%에도 미치지 못하는 것이 현실이었다. 말하자면 당시의 사설시조는 어디까지나 주식

(主食)인 평시조나 연시에 곁들인 별미(別味) 정도 이상의 의미는 없었던 것이다. 그런데 그 사설시조가 일대 전기(轉機)를 맞기 시작했다. 그것은 상당 부분 『노산고희기념문집』에 발표한 그의 논문 「사설시조론」과 시범이라도 보이듯 써서 발표한 몇 편의 사설시조가 기폭제(起爆劑) 역할을 했던 것으로 기억한다. 그리하여 사설시조 창작은 시조단에 요원(遼遠)의 불길처럼 번졌고, 그 이후 대개의 경우 시조집을 낼 때는 10편 내외의 사설시조를 곁들이는 것이 상례(常例)가 되었을 뿐만 아니라, 소수이긴 하지만 사설시조만을 오로지 창작하여 사설시조집까지 자랑스럽게 상재(上梓)하게 된 것이 오늘의 현실이다.

우리가 익히 아는 바대로 사설시조는 조선 후기의 산문정신(散文精神)의 발흥에 따른 부산물이었다. 그리고 그 시기는 자유시가 존재하지 않는 시기였으므로 그것은 그대로 스스로의 존재에 확고한 당위성이 있었다. 그에 비해 오늘날은 자유시가 전성기를 구가하는 시기이므로 사설시조는 그만큼 그 존재에 당위성이 희박해졌다 해도 과언이 아니다. 그러나 현재 사설시조의 세력은 어느 시대에 못지않게 왕성하다. 그러므로 그 활성화의 원인이 어디에 있든 이제 와서 그 존재 의의를 왈가왈부한다는 것은 온당치 않다. 세상일이란 반드시 이치에 맞는 방향으로만 진행되는 것은 아니기 때문이다. 따라서 사설시조의 존립 문제는 전적으로 수용자들에게 달린 문제이며, 장순하 시인의 사설시조 활성화에 대한 공과(功過)도 수용자들이 얼마만큼 수준 높은 작품을 써주느냐에 따라 먼 후일 희비가 결정될 일이라 할 것이다.

장순하 시인의 실험정신의 산물로 또 하나 빠뜨릴 수 없는 것이 있다. 다름 아닌 그가 창안한 경시조(輕時調) 문제이다. 사설시조가 시조의 형식에 직결된 문제라면 이것은 시조의 내용에 직결된 문제이다. 짐작하건대 경시조란 말 그대로 가벼운 담론에 해당하는 것들을 시화(詩化)한 것이라는 의미일 것이다. 그리고 이것은 그가 어떤 가벼운 충동 끝에 창안한 것이 아니라, 그 나름의 필연적인 내부의 요청에서 만들어낸 시조임이 분명하다. 그는 이미 『백두산 가는 길』, 『후일담』, 『사랑학 입문』 등 세 권의 경시조집을 묶어내고 있기 때문이다.

그동안 그의 경시조에 대해 시인들로부터 들어온 말들을 종합해보면 대체로 긍정적인 면보다는 부정적인 면 쪽으로 무게가 쏠렸던 것을 기억한다. 이를테면, 시조의 격을 떨어뜨렸다거나 시조를 우스갯거리로 전락시켰다는 단편적인 평가가 그것들이다. 그러나 고시조, 특히 조선 후기의 사설시조들을 일별(一瞥)해보면 이 경시조에 대한 평가도 부정적이어야 할 하등의 이유가 없다. 조선의 사설시조에는 우리가 목도하는 바대로 외설적(猥褻的)인 것과 언어 유희적(言語遊戱的) 작품들이 좀 많은가. 그에 비하면 그의 경시조들은 가벼운 언어유희는 될지언정 낯 뜨거운 외설은 아니다. 어떤 내용도 금기시하지 않으면서 예술성을 추구하는 오늘날의 자유시를 생각해볼 때, 우리 고유의 정형시 시조도 단순함보다는 다양한 존재 양상을 가져야 한다고 본다. 따라서 그의 경시조 역시 현대시조의 내적 영역의 확장이라는 점에서 이제는 응분(應分)의 긍정적 평가를 받아도 좋을 것이다.

[23] 정읍의 윤동주, 저항시인 박정만

'시인 박정만'

그를 떠올리면 가슴 한켠이 아려온다.

시인은 1946년에 정읍 산외면 상두리 동진마을에서 태어났다.

상두마을은 작은 시내가 마을 가운데를 흐르고 몇 그루의 모양 좋은 소나무가 마을 앞에서 손님을 맞이하는 조용하고 사람 살기 편한 마을이다. 수백 년 된 당산나무들이 마을 초입부터 시원한 그늘을 만들어주는 동진마을.

그는 1968년 서울신문 신춘문예에 「겨울 속의 봄 이야기」로 당선되어 시인으로 활동하게 된다. 옳지 않은 것과는 절대 타협하지 않고 세속에 물들고 야합하는 것을 극도로 경계하며 토속과 시정신을 하나로 승화시킨 정직한 시인으로 살았다. 그는 몸속에 전라도의 피가 흘러 자신도 모르게 전라도의 가락과 운율이 솟아나오는 듯하다고 했다.

> 해 지는 쪽으로 가고 싶다.
> 들판에 꽃잎은 시들고.
>
> 나마저 없는 저쪽 산마루.

나는 사라진다.
저 광활한 우주 속으로.　　　　(박정만 시인의 「해지는 쪽」으로 중에서)

그러나 1981년 소설가 한수산이『욕망의 거리』라는 소설에서 군인들에 대한 거슬린 묘사를 했다는 이유만으로 대공분실로 끌려가 고문을 당하게 된다. 당시 문학잡지 편집장과 작가로서 한수산과 알고 지냈다는 이유로 시인도 같이 끌려갔다.

그곳에서 무슨 일을 당했는지는 말하지 않아도 잘 알리라. 그 후로 한수산은 한동안 붓을 꺾고 일본으로 떠나고 시인 또한 치열했던 문학에 대한 서정적 에너지를 꺾이고 만다.

작가의 예리한 감수성과 존엄성을 짓밟는 신체적·정신적 테러를 참을 수 없었던 그는 술 속에서 분노의 세월을 살아갈 수밖에 없었다.『저 쓰라린 세월의 후기』에 '나를 죽인 것은 5월의 그날'이라며 자신의 죽음을 예감하기도 했다.

죽음을 1년 앞둔 1987년, 열흘 동안 소주 200병을 마시고, 열흘 동안 시 500편을 쓰기 위해 생애의 말미에 열흘을 아껴두었던, 시인 박정만, 그분이야말로 정읍이 낳은 천재시인이었다.

1988년 올림픽 폐막식이 열리는 날 자신의 운명을 예감이라도 하듯「종시」라는 시를 남기고 42세의 고통스런 생을 마감한다.

식민시대 윤동주 시인이 그러했듯 군부독재에 의해 그 맑고 고운 심성을 처절하게 짓밟힌 채 아름다운 서정성을 피토하듯 토해내고 짧고 굵게 살다간 박정만 시인. 문단은 그를 기려 1992년에 '정지용 문학상'을 수여하였다.

문우(文友)와 지인들은 1999년 눈 내리는 어느 날 내장산 들어가는 저수지 모퉁이에 그의 시비를 세웠다.

『해 지는 쪽으로 가고 싶다』 시는 박정만 시인의 자화상 같다.

여기서 해지는 쪽은 서쪽을 말할 것이다.

해가 지는 서쪽, 왜 그쪽으로 가고 싶어 했을까,

아마도 서쪽으로 해가 지는 것처럼 시인도 그렇게 서서히 조용하고
　아름답게 지고 싶었던 게 아닐까?

　아니면 꽃잎의 시듦으로 시인 자신의 생이 거의 다했다는 걸 비유한
것일지도 모른다. 오죽했으면, '광활한 우주' 속으로 거처를 옮겼을까,

　그는 거기서나마 폭력으로부터 비로소 온전히 벗어나게 된 것일지도
모른다. 그러나 그의 이런 죽음을 보면서, 우리 정읍 사람들은 여전히
아프고 안타깝다. 그리고 그의 빈자리가 자꾸만 눈에 찔린다.

　진정 많이 슬프고 가슴이 무너지는 것 같다.

　그는 고향을 사랑하는 시인이었으며, 그는 한 가정의 따스한 가장이
었다. 그래서 그의 시에 나타나는 고향은 생긴 그대로 아늑하다. 그가
열다섯 살이 되던 해 고혈압으로 쓰러진 어머니의 죽음이 그의 사춘기
를 암울하게 했다고 하지만 그의 많은 시편에 나타나는 고향은 아늑하
고 넓은 공간으로 자리하고 있으며 그곳에서 뛰어노는 어린 시인의 모
습은 해맑은 장난기와 생동감으로 넘쳐나고 있다.

　박정만은 서정시의 권위자이다. 그토록 폭력적 정치의 희생물이 되었
으면서도 어떻게 결이 고운 서정시만을 써왔는지 이해가 되지 않을 때
가 많다. 그러나 곰곰이 생각해보면 그의 서정시 쓰기는 폭력정치의 두
려움을 다스리는 방식이며, 폭력정치에 대한 적개심을 가라앉히는 방식
이며, 폭력정치에서 오는 좌절감을 껴안는 방식인 것으로 보인다. 이런
서정시 쓰기는 그를 자유롭게 살아가도록 도와줬을 것이다. 서정시 쓰
기는 그를 지탱하게 만들어준 큰 디딤돌이었다.

해지는 쪽으로 가고 싶다. 그래서 시인은 저 광활한 우주 속으로 거처를 옮겼다. 동쪽에서 밝은 해가 다시 힘차게 떠오르고, 시인의 영혼이 솔개처럼 다시 날아오를 때, 시인도 정읍도 힘차게 부활할 것이라 믿는다.

[24] 언어의 보석사 정읍 출신 '강인한' 시인

2010년 한국시인협회상을 수상한 바 있는 언어의 보석사·영혼의 시인 '강인한' 선생님은 1944년 3월 26일 전북 정읍 상동(옛날 행정구역 명칭으로 정읍군 정주읍 상리임. 상리에서도 '지통쟁이'라는 동네. 서정주 시인의 시에 나오는 '상리 과원'이라는 곳이 바로 그 부근임) 태생이다. 전주고와 전북대학교 국문학과를 졸업(1967년부터 정읍 호남고에 10년간 재직) 후 1967년 조선일보 신춘문예에 「대운동회의 만세소리」가 당선되어 등단하였다.

이후 40년 넘게 꾸준하고 열정적으로 시 창작 활동을 해왔으며 『불꽃』, 『전라도 시인』, 『우리나라 날씨』, 『칼레의 시민들』, 『황홀한 물살』, 『푸른 심연』 등의 시집을 발간하여 이미 문학적 역량을 충분히 펼친 바 있다. 특히 2009년에 발간한 시집 『입술』에 실려 있는 시들은 60대 후반의 시인이 쓴 작품들이라고 하기에는 너무나 싱싱하고 선명하며 격정적인 아름다움을 간직하고 있어서 시단에 잔잔한 충격이 되었다는 평을 들을 만하다. 나이 들어가면서 삶을 관조하며 편안히 응시하는 자세를 보이는 시인들이 많은 것이 현실인데, 강인한 시인은 오히려 생에 대한 열정과 젊음의 자세를 유지하고 있는 점이 주목된다.

그는 고교 시절 신석정 시인으로부터 '시인은 우선 인간이어야 한다'
는 가르침을 받았고, 신춘문예의 선자였던 김수영 시인으로부터 '긴장
의 시학'을 전수받았다. 형식주의 비평가 김종길로부터 시론을 익혔다
고 한다. "지금도 신석정, 김수영 두 분 시인을 내 시정신의 스승으로 흠
모하는 동시에, 김종길 시인을 시론의 은사님으로 마음속에 깊이 모시
고 있다." '끝없는 도전의 시절'은 시인의 고백에서도 알 수 있다. 등단
40년을 넘긴 원로시인이라면 긴장이 풀릴 법도 한데, 아직도 시인은 '목
숨 걸고' 시를 쓴다. 시를 이야기하는 그가 내뿜는 형형한 눈빛은 어느
새 「대운동회의 만세 소리」를 쓰던 청년시절로 돌아가 있다.

하고 싶은 말이 많은 것이다.
플라타너스는 플라타너스대로
은행나무는 은행나무대로
바람 속에 서서
잃어버린 기억들을 되찾으려고 떨며
지느러미를 파닥거린다.
흘러가버린 저녁 구름과 매캐한 소문과
매연과 뻔한 연애의 결말들은 길바닥에 차고 넘쳐
부스럭거리는, 창백한 별빛을
이제는 그리워하지 않겠노라고
때 이른 낙엽을 떨군다. (중략)/   ─「바람이 센 날의 풍경」 중에서

강인한 시인의 시들은 은밀한 고통과 고독의 심연을 드러내며 균형을
잡고 있다. 강인한 시인의 시에서 보이는 존재의 내면에 자리한 그리운
사람에 대한 이끌림은 평소에는 '잠든 돌'이었다가 어느 순간 '그 심지
에 불이 붙어', '벼락 맞은 듯' 시퍼런 불꽃을 피워낸다. 얼음과 같은 갇
힌 존재의 내면을 깨트리고 불꽃의 열정에 감전되었던 시인의 감성은
시 「일획」에 이르러서는 정결하고 순정한 혼이 흰 속살을 드러내며 향

긋한 수액의 향기와 같은 언어의 관능미를 구현한다.

"시는 언어의 보석이다. 그 속에서 빛나는 것은 시인의 영혼이다." 이 말은 강인한 시인이 40년 넘게 시를 쓰면서 고민한 끝에 얻은 '시란 무엇인가'에 대한 답이다. 노래하는 대상이 달라지고, 뒤죽박죽이 된 세계에 간섭하면서도 자신의 시가 지탱하는 중심축은 바로 이것이라 한다. 그는 독자들에게 자신의 시집에서 시인을 읽지 말고 제발 시를 읽어주기를 부탁한다. 독자들이 자신의 시를 읽으면서, 처음 시단에 섰던 열렬한 청년이었던 자신을 만날 것을 기대한다. 이것이 진정한 그의 삶의 얼룩이며 삶의 무늬이기 때문이다.

실제 그의 시에는 "한 시대의 능욕당한 얼굴(1982)" 표정과 "동학난리 때 칼 맞아 죽은 남편(할멈의 눈)"을 그리워하는 여자 등 사회의 모순과 비루한 현실에 뒷덜미가 많이 잡혔다. 시집 『입술, 2009』에 들어 있는 위의 시는 우리의 모습을, 샌 바람에 상처 입고 바람 속에 서서 아우성치는 가로수에 투사하고 있다. 이 시에는 잃어버린 기억들을 되찾고자 나뭇잎을 파닥이는 풍경과 길바닥에 널려 부스럭거리는 '창백한 별빛'의 기억들을 이제 그리워하지 않겠노라고 다짐하는 풍경이 나란히 놓여 있다. 가로수가 눈을 틔우고 잎을 피우며 춤추는 것은 할 말이 많아서이기도 하지만 "진보와 개혁 그 허깨비 같은 잔가지의 기억"을 잊어야 한다는 몸부림이기도 하다. 이 시는 결국 진보적인 사람들의 기억, 그리움을 파닥거리는 나뭇잎으로 보여주고 있는 것이 아닐까. 기억을 되찾으려 하거나 잊어야 한다며 수없이 파닥거리는 나뭇잎은 여전히 모순으로 뒤덮인 우리 사회의 모습을 돌아보게 한다.

한 시대의 풍경을 담아내는 시인의 눈빛의 모습은 <푸른 시의 방>이라는 다음카페에서도 볼 수 있다. 2002년에 문을 연 이후 올해로 꼭 10

년을 맞는다. 그는 카페를 통해 공연히 소통이 되지 않는 무잡한 시, 공소한 시 등이 넘쳐나는 요즘에 제대로 된 시, 올바른 시, 참다운 시를 후배 시인들이나 시인 지망생들에게 가르쳐주고 싶어서 스스로 참다운 시를 찾아 필사하고 '좋은 시 읽기'에 올리며 독자들과 만난다. 그의 시는 북북 문지르는 유화와 같은 색감이 아니라 어느 먼 고적한 곳에서 나옴직한 한없는 평화로움을 안겨다 주는 그런 수채화 같은 색감으로 문득문득 시를 읽는 이의 눈시울을 적시어준다. 오늘도 시인의 고요한 힘과 소슬하게 내뿜는 눈물겨운 아름다움이 정읍에 흘러내린다.

[25] 민속공연학의 대가이자 교수, 김익두 시인

인생은 한 권의 책과 같다.

어리석은 이는 그것을 마구 넘겨버리지만, 현명한 이는 열심히 읽는다.

단 한 번밖에 인생을 읽지 못한다는 것을 알고 있기 때문이다.

인생이 무조건 즐거워야 하는 것은

우리에게 두 번째 인생이란 없기 때문이다.

돈이 많든 적든 명성이 높든 낮든 누구나 공평하게

단 한 번의 인생만 살 수 있기에

지나버린 시간은 물릴 수도 없고 되돌릴 수 도 없다.

하루하루를 즐겁게 사는 사람들은

지금 자신이 하고 있는 일이 가장 소중한 일이며,

정성을 쏟은 만큼 반드시

자신에게 돌아온다는 믿음을 갖고 있다. 이렇게 자기인생의 주인공으로 살고 있는 분이 바로 김익두 시인이다.

민속 공연학의 대가로도 유명한 김익두 시인은 1955년 전북 정읍 신정동(옛날 명칭으로 간등마을 대나무밭) 태생이다. 교암초등학교, 전주고와 전북대학교 및 동 대학원을 졸업하였다. 1981년 경향신문 신춘문예에 평론 「동화의 시공과 재생에의 언어」가 당선되어 문단 데뷔, 현재 전북대학교 인문대학 국문과 교수로 재직 중이다. 1991년 '객석' 연극 평론상을 받았으며, 시집으로 『햇볕 쬐러 나오다가』, 『서릿길』이 있다. 2010년 3월 한국공연문화학회장에 추대되어 지금까지 학회 회장직을 수행하고 있다.

일과 놀이의 균형점을 찾아 즐거운 인생을 추구하고 있는 김익두 시인은 진정한 인문학자답게 축제를 하는 마음으로 연구하는 분이다. 그 사실을 대변해주는 것은, 1990년에 발표한 '조용필학'이다. 전통적 대중 공연을 연구하다가 옛날 대중에게 사랑받았지만, 지금은 죽어 있는 문화라는 것에 한계를 느껴 현재의 대중에게 사랑받는 문화를 연구하고자 하는 생각에서 대중가요의 거대한 산맥인 조용필 연구를 시작한 것이다. 김익두 시인은 대중문화의 핵심은 가요라고 생각한다. 그래서 김익두 시인은 음악학·미학·문학·연극학자 및 대중문화 평론가로 구성된 조용필 연구모임을 구성하였다. 한편, 「삼월」과 「유월」의 시를 보면, 순환하는 계절에도 더 깊숙한 리듬을 선물해준다.

삼월(三月)/김익두

봄은 오는가
먼 산 바래다.
뿌옇게 흐린 하늘 밑
검은 나무들
피고 지는 고통을 잠시 억누르고
언제까지나
저렇게 묵묵히,
긴 침묵 속에
아직,
쉬고 싶은 나무들

「삼월」이라는 시는 봄이 오는 모습에 대한 느낌을 표현한 시라고 할 수 있다.

삼월에 먼 산을 바라보니, 어느새 저 산은 색이 바래 있고, 그러한 계절의 변화를 나무의 입장에서 다가가려 한다.

산이 바래 보이는 것은 무엇 때문일까? 산에는 나무가 산다. 즉, 나무는 봄을 반길까 하는 물음이 바로 이 시의 시작인 것 같다.

봄이 오는 것은 생명이 다시 시작하는 것임에도 불구하고, 나무는 아직 더 휴식을 바란다고 그는 말하고 있다.

황사로 인해 뿌옇게 흐린 하늘 밑에 겨울 동안 검은 나무껍질을 덮고, 인고의 세월을 견디어온 나무이다. 그런 나무가 아직은 좀 더 쉬고 싶어 한다고 시인은 말하고 있다. 지는 것도 고통이지만, 피는 것도 고통이기 때문이다. 마치 고단한 몸을 이끌고 단잠에 든 시인 자신이 깨어야할 때가 왔음에도 불구하고, 좀 더 자고 싶어 하는 욕망을 나무에 빗댄 것일지도 모른다.

김익두 시인의 시는 시어가 아주 명료하다는 특징이 있다. 그리고 그러한 시어로 인해 그의 시는 아주 간결하고 명료하다. 특히 요즘 같이 장문의 산문시가 넘쳐나는 시대에 읽기 좋게 자연과 서정의 길을 펴 놓았다는 것이 아주 좋은 점이라고 볼 수 있겠다. 즉, 긴 시들이 쏟아지는 마당에 긴 울림을 주는 짧은 시를 읽는 감동을 선사하고 있다는 것이다.

아울러 그의 시는 계절 감각에 매우 민감하다. 계절은 단순한 시간적 배경으로 삼고 있다는 지적이 아니라, 순환하는 계절에서 리듬을 읽어 낸다는 것이다. 때문에 그의 시는 정통 서정시로서 평가받고 있으며, 시가 부활한다면 그의 시로부터 부활할 것이라는 평론가의 말이 존재할 정도다.

또한 같은 시집인 『서릿길』의 3부에 담겨 있는 「유월」이라는 시가 있다.

3부는 여름을 노래한 것으로서, 이 유월은 초여름의 분위기를 표현한 시이다.

삼월과 유월의 시를 비교 분석하자면, 시간에 대한 주제를 간결하면서도 정감 있게 표현했다는 점과 김익두 시인 특유의 주변 것들에 대한 오랜 관찰력에서 뿜어져 나오는 애정이 돋보인다는 것이다. 그리고 무엇보다 이러한 자연을 시인은 무척 사랑하는 것을 느낄 수 있다는 것을 알 수 있다.

세상은 크고 화려하고 빠르고 위대한 것들을 좇는다. 인간들의 욕망이 만들어낸 것들은 아이러니하게도 비인간적인 것들 투성이다. 이 세상에서 사람들이 평화를 누리고 쉴 만한 곳은 점점 파괴당하고 있다. 하지만 김익두 시인의 시를 읽고 있으면 깊은 산 옹달샘 가에 앉아 있는 것처럼 우리의 몸과 마음이 서늘하게 깨어 온다.

'매일 매일 축제처럼 살 것이냐', '끙끙거리며 숙제하듯이 살 것이냐'는 바로 우리 마음먹기에 달려 있다. 이런 딜레마를 축제의 무대로 안내하는 주인공이 바로 김익두 시인이다.

03

인물 마당

[26] 김제민 장군과 덕천 도계서원*

정읍 덕천 도계리 출신 충강공(忠剛公) 김제민(金齊閔: 1527 중종 22～
1599 선조 32)은 조선 중기 선조 때의 문신이요 의병장이다. 공의 자는
사효(士孝), 호는 오봉(鰲峯), 본관은 의성(義城), 시호는 충강(忠剛)이다.

공의 증조부는 휘가 운추(運秋)이다. 호는 추정(秋亭)으로 진사시와 문
과를 연이어 급제하여 홍문관 교리를 지냈으며 학행으로 명망이 높았
다. 오봉 선생의 조부는 부현(傅顯)으로 부사직(副司直), 직장(直長) 벼슬
을 지냈다. 부현의 배위(配位)인 숙인(淑人) 경주 최씨가 세 아들을 거느
리고 남하하여 전라도 고부군 천태산 아래 도계리(현재 정읍시 덕천면
도계리)에 터전을 잡아 살기 시작하여 그 후손이 지금까지도 이곳을 중
심으로 거주하고 있다. 오봉 선생의 부친 호(顥)는 부호군(副護軍) 벼슬
을 하였으며, 손자 영(暎)이 인조반정 때 정사일등훈(靖社一等勳)을 받음
으로써 형조판서에 증직되었다.

오봉 김제민은 부친 호(顥)와 부인 김씨 사이에 5남매 중 장남으로 태

* 이 글은 전북과학대학교 유종국 교수님이 『정읍통문』에 연재한 내용을 인용한 것임.

어났다. 외갓집 부안 옹정리에서 태어나 덕천 도계리에서 성장하였다. 지금 정읍에 살고 있는 의성 김씨는 공의 조부이신 부현(傅顯)의 후손이다.

공은 어렸을 때부터 총명이 과인하고 도량이 담대하였으며 학문을 좋아하였다. 공은 일찍이 석학(碩學)이자 거유(巨儒)인 일재(一齋) 이항(李恒) 선생 문하에서 학문을 연마하였다. 공의 재질에 스승의 학문을 더하자 학덕이 일취월장하였다. 일재(一齋) 이항 선생의 학문은 수많은 경전(經典)을 통관한 것으로 철저한 자기성찰과 정심성의(正心誠意)를 근본으로 삼아 치지격물(致知格物)을 수도(修道)의 주된 방법으로 삼았다. 일재 선생의 선악시비를 명쾌히 분별하는 지치주의(知致主義)는 불의에 항거하는 정의감을 낳게 한다. 일재 선생은 부조리나 불의에 대항하고자 제자들에게 무술과 병법을 가르치기도 하였다. 이는 어쩌면 임진왜란이 일어날 것을 미리 안 선견지명이었을지도 모른다. 일재의 문하생 가운데 김제민을 비롯한 김천일, 변사정과 같은 의병장을 배출하고, 손홍록, 안의, 김대립과 같은 충의지사를 배출한 것은 이러한 스승의 가르침에 기인한 것이다.

공은 경학과 역사에 정통하였다. 특히 사마천의 『사기(史記)』를 통달하였다. 공은 32세에 진사에 급제하고, 47세에 문과에 급제하였다. 지평(持坪), 장령(掌令)을 역임하고 선조 12년(1579) 박사(博士)로 사복시정(司僕寺正)에 이르러 팔도의 향시(鄉試)를 관장하였다. 외직으로는 함양, 화순, 순창의 수령을 역임하였고, 선조 19년(1586)에는 전라도도사(全羅道都事)를 제수를 받았다. 다시 내직으로 들어가 군기시정, 예조정랑을 거쳐 좌승지를 역임하였다.

나라의 내외 중직을 맡아 강직한 성품으로 충성을 다하여 사후에도 명성이 자자하였거니와, 임란공신으로 추앙을 받아 "충강공"이라는 시호까지 하사 받고 덕천 도계서원과 장성 오산창의사에 배향되기에 이르렀다.

공은 시문에도 뛰어나 문집『오봉집(鰲峯集)』을 통하여 공의 다재다능한 문학과 학문의 세계를 접할 수 있거니와 그야말로 문무겸전(文武兼全)의 충절이라 아니할 수 없다.

1586년(선조 19) 전라도 도사를 끝으로 병을 얻어 관직에서 사퇴한 후, 향리에 칩거하여 후학을 양성하는 일에 전념하였다. 공의 나이 66세였던 1592년 임진왜란이 발발하였다. 왜적이 대대적으로 침략하여 임금이 몽진하였다는 소식을 전해 들었다.

공은 우리 조선 땅을 침범한 왜적들에 대하여 비분강개한 심정에 불타오르고 충군 애국심이 솟구쳐, 자제들을 불러 모아 공은 임금이 계신 곳을 향하여 북향사배를 올리고서 하루 종일 대성통곡하였다. 공은 비분절통한 심정으로 자제들에게 말하기를 "우리 집안은 대대로 나라의 은혜를 입어왔는데, 아비와 같은 임금께서 몽진의 날을 맞았으니, 아들과 같은 우리 신하로서는 의(義)로써 죽을 것이니라"라고 하였다. 공은 참담하고 의분이 치솟아 눈물을 흘리며 「聞大駕幸平壤」(임금께서 평양으로 몽진한다는 소식을 듣고)라는 제목으로 시를 지었다.

三千里外一孤臣(삼천 리 밖에 있는 한 외로운 신하가)
望關西淚巾(구슬피 관서를 바라보며 수건에 눈물 적시네)
驛路多虎豹虎亂(길마다 시랑이 호랑이 놈들이 날뛰고 있으니)
何人能扈屬車塵(어느 누가 어가를 잘 호종하고나 있는지?)

공은 곧바로 왜적을 물리치고 임금을 보호하기 위하여 의병을 모집하기로 결심하였다. 공은 각 고을에 <征倭檄文>(왜적을 정벌하자는 격문)을 모집하니, 정읍, 고창, 흥덕, 고부를 비롯한 각지에서 우국충정에 불타는 의사들이 삼례역으로 모여들었다. 이에 공이 의병장으로 추대되어 호남지방에서 의병 활동을 전개하기 시작하였다.

공은 의병부대를 이끌고 고산 대둔산 아래에서 무운장구를 비는 산제(山祭)를 올리고 임금을 호종하려 출발하였다가 금산에 주둔한 왜적들이 전주를 향하여 진격한다는 소식을 듣고 전주성을 지키기 위하여 웅치(熊峙: 곰티재)로 달려갔다. 이때 금산(錦山)에서는 고경명 장군이 왜적을 지키고 있었고, 김제 군수 정담(鄭湛)과 함께 웅치 전투에 참전하였다. 공은 66세의 나이로 몸소 북채를 들고 격려하며 의병들을 진두지휘하였다. 마침내 전투 속에서 김제 군수 정담이 죽고 공의 아들 안(晏)이 죽는 등 적지 않은 사상자가 발생하고 왜적들도 많은 병력의 손실을 입게 되었다. 마침내 웅치전투에서 왜적이 방어선을 넘지 못하고 퇴각하여 마침내 공은 웅치전을 승리로 이끌게 되었다. 웅치전의 위대한 승리로 곡창지대인 전라도가 온전하게 되어 당시 권율 장군도 "전라도 웅치대첩이 행주대첩보다 위"라고 평가하였다.

이어서 호남지역 의병들의 총궐기라고 할 수 있는 장성에서의 남문창의(南門倡義)는 그야말로 가장 규모가 큰 병력이었다. 여기서 공은 의병장으로 추대되어 군기와 군율을 엄히 하고, 군사들을 잘 조련하여 덕평, 천안을 거쳐 직산으로 진격하였다. 직산에서 왜적을 교전하여 왜병 100여 명을 사살하는 전과를 올리고 전투를 승리로 이끌었다. 임금이 계시는 곳까지 진군하려고 연일 진군하여 직산을 지나 안성에 이르러 명나라와 왜적이 화의(和議)를 맺었다는 소식을 듣고, 의병대를 이끌고 호남으로 돌아왔다.

공은 임진왜란이 끝나고 고향에 돌아와 이평(梨坪)의 오치(鰲峙) 아래 독서당을 짓고 후학을 훈도하고 시문을 저술하는 데에 힘썼으며, 고창 부안면에 요파정(樂波亭)을 짓고 풍월을 읊기도 하였다.

그러던 중 1597년 다시 정유재란이 발발하였다. 공은 71세의 노구임에도 불구하고 다시 의병을 모집하여 노령이기로 직접 전투에 참여할 수 없자 아들 엽(燁)과 흔(昕)에게 의병을 주어 권율 장군에 합세하여 왜적을 물리치게 하였다. 왜적을 저지하고 그들을 소탕하여 다시는 육지에 오르지 못하게 하였다. 그 후로 공을 호남 3대 창의사로 추앙하여 칭송을 받았다.

공은 1599년(선조 32) 음 2월 22일 세상을 떠났으며, 선무훈(宣務勳)과 정사훈(靖社勳) 공신에 오르고, 인조 때에 병조판서에 추증되었다. 1673년(현종 14) 도계서원에 배향되고, 1794년(정조 18)에 장성 오산창의사(鰲山倡義祠)에 배향되었으며, 1829년(순조 29)에 이조판서에 추증되고, 1854년(철종 5) 충강공의 시호를 받았다.

[27] 최치원(崔致遠)과 유상대(流觴臺)**

유상대(流觴臺)란 무엇 하는 곳인가. 유상대는 시를 짓고 담소하며 술을 마시던 당시 선비들의 놀이터이다. 마치 신라의 포석정처럼 유상곡수(流觴曲水)의 놀이터를 만들어 놓고 대(臺)를 만들어 "유상대(流觴臺)"라고 일컬었다. 유상곡수(流觴曲水)란 "술잔을 띄워 흘러 보내게 만들어진 굽은 물줄기"라는 뜻이다.

시인묵객과 선비들이 둘러앉아서 시를 지어 읊으면서 술잔이 물 위에 떠서 자기 앞으로 오면 한 잔씩 마시며 즐긴다. 고운(孤雲) 최치원(崔致遠) 선생이 명명한 "유상대(流觴臺)"는 곧 유상곡수(流觴曲水)에서 따온 말이다. 시문(詩文)을 짓고 술을 마시는 학자나 선비들의 풍류의 장소이기도 하다. 원래 유상곡수(流觴曲水)란 말은 중국 동진(東晉) 시대 유명한 서예가 왕희지(王羲之)가 우군장군(右軍將軍) 및 회계(會稽) 내사(內史) 벼슬을 할 당시 353년(영화 9) 늦봄에 회계에 있는 난정(蘭亭)에 있었던 유상곡수(流觴曲水)의 연회에 참석한 고사(故事)를 모방하여 그로부터 차용(借用)한 말이다. 그러니까 최치원 선생이 중국 유명한 서예가 왕희지가

** 이 글은 전북과학대학교 유종국 교수님이 『정읍통문』에 연재한 내용을 인용한 것임.

참석했던 회계에서의 "유상곡수(流觴曲水)" 연회로부터 착안하여 "유상대(流觴臺)"라고 명명한 것이다.

칠보의 시산리와 무성리는 배산임수(背山臨水)의 좋은 터이다. 조선시대 군수, 현감과 마을 문사와 수재들이 이곳에 모여 작시(作詩)와 음주(飲酒)를 즐겼다. 정극인(丁克仁) 선생의 최초의 국문가사 「상춘곡(賞春曲)」에서 노래한 바와 같이 태인의 선비들이 답청(踏靑)을 나갔다면 아마도 칠보 시산리나 무성리 쪽으로 발걸음을 옮겼으리라고 추측할 수 있다. 「상춘곡」 역시 그러한 분위기 속에 창작되었으리라고 본다.

조선 인조 15년에 당시 현감이던 조자직(趙子直)이 유상대 누각이 황폐화되고 비석이 없어져서 이것을 안타깝게 여긴 나머지 여기에 비석을 세우려고 하였다. 돌을 운반하고 비석을 세우면서 친구인 조상우(趙相愚)에게 비문을 부탁하였다. 이때 조상우가 쓴 비문이 <유상대비문>(流觴臺碑文)이다. 첫 문장은 "태인(泰仁) 고을은 곧 옛날 신라 때 태산군으로 문창후 최치원 선생이 다스리던 고을이다"라고 시작하고 있다.

유상대는 지금 정읍시 칠보면 시산리 송산 마을에 위치하고 있다. 유상대 자리는 지금은 폐허가 되고 나중에 세운 "감운정(感雲亭)"이라는 정자만이 덩그마니 남아 있다. 감운정은 옆에는 칠보 중앙노소재가 있다.

이곳이 유상대 터임을 짐작케 하는 바윗돌들이 남아 있다. 곁에는 냇가가 휘돌아 나가고 있다. 태인 현감을 지낸 조항진(趙恒鎭)이 지은 책 『流觴臺重修記』에 이렇게 글을 썼다.

"현의 동쪽 20리쯤에 옛 고을 터가 있어 시냇물이 있고 시냇물 위에 대가 있으니, 이름을 유상대(流觴臺)라 한다. 돌로 쌓고 노수(老樹)가 둘러 있으니 촌로들이 서로 전하기를 고운 최치원 선생이 군수로 있을 때 노닐던 곳으로 일소(逸少: 中國 東晉의 書藝家 王羲之를 말함)의 고사(故事)를 모방한 것이라고 한다. 천년이 지난 뒤에 비로소 동강공이 세상에 드문 일이라 느껴 오랫동안 황폐하였던 것을 대를 쌓고 공무의 여가에 이곳에서 마을 수재(秀才)들과 더불어 술을 마시며 시를 읊었다."

세월의 흐름을 감안하자면 이곳의 지형의 변화도 있었겠지만, 칠보산 줄기로 인하여 그곳이 하천이 있었으리라는 것은 능히 짐작할 수 있는 일이다. 그곳 냇가의 물을 끌어다가 유상곡수(流觴曲水)의 놀이터를 만들고 유상대(流觴臺)를 축조하였을 것으로 추정할 수 있다. 지금 전하는 또한 감운정 정자 현판(懸板)에 새겨진 시 10여 수에 유상곡수 놀이와 유상대에 대한 기록들이 전해지고 있다. 아마도 조선시대 선비들은 대부분 이곳이 유상곡수하던 유상대 터임을 잘 알고 있었던 모양이다.

고운 최치원 선생은 우리나라 문장(文章)의 조종(祖宗)이시다. 학계에서는 우리 문학사상에서 우리나라에서 유사 이래로 가장 위대한 문장가라고 평가하는 데에 이의를 제기하지 않는다.

선생은 신라 헌강왕 1년(857)에 태어난 분으로 자는 고운(孤雲) 혹은 해운(海雲)이다. 부산에 있는 해운대(海雲臺)는 선생이 당나라에서 귀국하여 부산에 있는 바다가 바라보이는 산에 올라와 나라의 미래를 걱정하였다 하여 후대에 선생의 자(字)를 따서 붙인 이름이다.

신라의 서울 경주 사량부(沙梁部) 사람으로 경주 최씨의 시조이기도 하다. 12세(869년: 경문왕 9)에 당나라로 유학하여 17세(874년: 경문왕 13)에 과거에 급제하여 선주표수현위(宣州漂水縣尉)에 등용되고 성적이 좋아서 다시 승무랑시어내사공봉(承務郎侍御史內供奉)이 되고 자금어대(紫金魚袋)를 하사받았다. 그때 황소(黃巢)의 반란이 일어나 제도행영병마도통(諸道行營兵馬都統)에 있던 고병(高騈)이 황소의 난을 토벌하기 위해 선생을 종사관으로 삼아 소임을 맡겼다. 이때 쓴 글이 유명한 <討黃巢檄文>이다. 이 당시 쓴 여러 글들이 지금도 전한다. 나이 28세에 본국에 돌아가 부모님을 뵈올 뜻을 청하자 당 희종(僖宗) 황제가 승낙하였다. 선생은 중국에서 돌아왔으나 말세의 인심이라서 뜻을 펼쳐 볼 수 없었다.

자원하여 외직에 처음 나간 자리가 바로 태산군(太山郡: 지금의 태인) 태수이다. 선생이 부성군(富城郡) 태수로 이직(移職)하기까지 몇 년 동안 태인에 재직하고 있었는지는 사료 미비로 지금 알 수 없다. 태산군 태수로 재직하면서 선정을 베푸는 한편 시서(詩書)와 풍류(風流)를 즐기기도 하였을 것으로 보인다. 선생이 태인에서 글짓기와 풍류를 즐겼으리라는 것은, 곧 유상대(流觴臺)가 말없이 보여준다.

우리 지역 태인·칠보는 선비의 고을이다. 최치원 선생을 비롯한 신잠, 정극인, 이항 등 기라성 같은 학자를 배출하였다. 남고서원의 일재 이항 선생과 그의 제자들 곧, 김천일 장군, 김제민 장군, 변사정 장군 등 같은 걸출한 의병장이 나온 곳이기도 하다. 태인은 특히 조선시대에 호남의 전 지역 가운데 전주와 함께 오로지 두 군데만 인쇄 출판업이 성행한 곳이기도 하다. 그만큼 글공부를 하는 공부하는 선비와 학자가 많았음을 증명해주는 예이다.

매우 바람직스러운 일은 2003년 11월 현재 정읍시에서는 태산 선비문화권 문화 콘텐츠 개발을 위하여 각별히 노력하고 있다는 사실이다. 프

로젝트 수행 단계에 있긴 하지만 기대하는 바가 크다. 그중에서도 최치원 선생과 유상대는 태산 선비문화권 문화 콘텐츠 개발의 단초(端初)라고 할 수 있을 만큼 값지고도 중요한 일이다.

[28] 한말 정읍의 항일 의병사*** 임병찬****

한말 유림의 태두였던 최익현은 "임병찬의 기우는 헌양하고, 목소리는 우레와 같으며, 눈빛은 번개와 같은 호랑이 눈이요. 눈썹이 천창을 떨치고, 위의는 출중하며, 언어는 항상 중용을 지키니 사람들이 우러렀다"고 말했다.

그렇지만 100여 년이 지난 지금 의병장 임병찬에 대한 평가는 제대로 이뤄지지 않고 있다. 또한 전북지역 한말 의병운동의 도화선이 됐던 그의 업적이 과소평가되면서 의병운동 자체에 대한 평가마저 소홀히 다뤄지는 측면이 있음을 이번 기획취재를 통해 알게 됐다.

가장 큰 이유는 아마도 동학운동과 얽힌 실타래 때문일 것이다. 1894

*** 출처: 임병찬. 호남지역 의병운동의 첫 도화선을 긋다, 오마이뉴스.

**** 1851년 2월 5일(음력) 아버지 용래(溶來)와 어머니 송악 왕씨(松岳 王氏)의 맏아들로 군산시 옥구읍 상평리 광월마을 남산(옥구현 대사리) 아래에서 태어난 임병찬은 16세 때(1867) 전주에서 지방시에 수석 합격하고, 1889년(고종 28) 절충 장군 첨지중추부사가 되었다가 낙안 군수 겸 순천진 절제사로 있으면서 농정에 공을 세웠다. 당시 고을 농민들이 선정에 감복하여 온갖 방법으로 사례하였으나 거절하였고, 비를 세우는 것마저도 만류하였다. 1894년(고종 31) 동학혁명이 일어나 무남영 우령관에 오르라고 해도 마다했던 임병찬은 정국의 문란을 걱정하다 1905년 을사늑약이 체결되자 스승 최익현을 찾아가 함께 의병을 일으켜 투쟁했다. 1910년 독립의군부 전남 순무대장에 올라 항일 구국투쟁을 전개하다 1914년 6월경에 체포되어 거문도에 유배되고 1916년 5월 23일 단식을 감행하다 자결하였다.

년 일어난 동학농민혁명의 3대 우두머리 중 한 명인 김개남 장군이 바로 임병찬의 밀고로 붙잡힌 것이다. 당연히 동학에서는 임병찬을 멀리하게 됐고, 동학이 대세인 정읍에서 임병찬의 의병은 제대로 된 평가조차 못 받는 결과를 낳았다.

하지만 당시 임병찬은 그 공으로 조정에서 내린 무남영자령관과 임실군수라는 벼슬을 연이어 거부했다. 또한 최근에는 임병찬의 밀고가 나머지 동학도들을 구하기 위한 고육지계란 주장까지 나오면서 임병찬과 동학과의 관계에 대한 새로운 해석이 나오고 있지만, 미미한 수준이다.

임병찬 창의유적지가 있는 정읍시 산내면에서 <산내를 사랑하는 사람들>이란 카페를 운영하며 지독한 지역사랑을 실천하고 있는 김현기(41) 씨는 "동학과의 관계를 매듭짓지 않고서는 장군에 대한 제대로 된 평가를 기대하기는 힘들 것"이라고 지적한다.

1851년 2월 5일생인 임병찬은 어려서부터 총명해 4살에 아버지 밑에서 천자문과 추구(推句)를 배웠고, 5살 때에는 훈장 송영숙의 사숙에서 『사자소학』과 『오언당서』 등을 배웠다. 6살에는 집에 사숙을 차리고 조용성을 초빙해 배웠는데, 그는 하루에 『자치통감』을 30줄씩 외우고, 5언을 능히 지을 수 있었으며, 7살 때에는 통감을 하루에 200여 줄씩 배우고, 다음 날에는 이를 모두 외우니 고을에서는 신동이라고 칭찬하였다. 8살 때에 고을 백일장에서 장원을 하였으니, 그의 재예를 짐작할 만하다.

1906년 6월 4일(음, 윤 4월 13일) 최익현은 정읍 무성서원에서 강회를 마치고, 창의의 뜻을 밝힌다. 창의는 최익현을 맹주로 하고 임병찬이 주동한 것으로, 을사늑약 후 우리 전북에 있어서는 최초로 일어난 집단적 항일 무장투쟁이라는 데서 그 의의는 자못 크다 할 것이다.

창의군은 곧바로 태인, 정읍을 거치며 사람들을 모았고, 6월 7일에는 순창읍에 들어서 지휘본부를 객사에 설치했다. 여기서 대오를 정비해보니 총수가 800명이 넘었다고 한다. 그만큼 일제에 대한 반발이 심했다는 반증이기도 하다.

하지만 6월 20일 순창에 나타난 군인은 일본군이 아니고, 우리의 진위대였다. 이때 최익현은 "만약 왜병이라면 죽음을 각오하고 결전할 일이나, 진위대 병사라면 우리가 어찌 동족끼리 싸울 수 있겠느냐. 이는 동족상쟁으로 우리가 차마 할 수 없는 일"이라며 해산명령을 내린다.

이때 의병들은 싸울 것을 주장했으나, 최익현의 간곡한 만류로 어쩔 수 없이 해산하고 말았다. 결국 임병찬을 비롯한 12명만이 최종적으로 남아 최익현과 함께 붙잡혀 한양으로 압송된다. 세상에서는 이들을 순창의 12의사라 불렀다.

현재 순창군 구림면 화암마을 입구에는 '최익현 선생 피체지'가 남아 있다. 일반에 퍼져 있는 자료들이 병오창 의군이 체포된 곳을 순창객사로 표현하고 있지만, 실제 최종 적전지는 화암리 일대다. 하지만 도로변 한 귀퉁이에 작은 설명문 하나가 덩그러니 서 있을 뿐, 이곳에서 느낄 수 있는 것은 아무 것도 없다.

구국을 외치며 의연히 창의했던 선연들의 의기를 너무 초라하게 만드는 것 같아 안타까움마저 일었다. 이곳을 최익현 선생 피체지라는 표현보다는 순창 12의사가 최후까지 항전하던 곳으로 인식되는 것이 더 타당할 것이라는 생각도 해봤다. 그들의 결연한 모습을 피체지라는 이름으로 더럽혀서야 되겠는가.

붙잡힌 최익현과 임병찬은 대마도로 유배됐고, 그해 11월 17일 최익현은 차가운 일본 땅에서 숨을 거두지만, 임병찬은 후에 한국의 황태자, 곧 후일의 순종이 재혼하는 재빙 가례가 있어, 모든 죄수에게 감형 또는 석방의 은전을 내리어 석방된다.

이로써 1906년 2월부터 최익현과 임병찬이 모의해 실행에 옮겼던 병오창의는 최익현의 순절과 임병찬의 석방으로 끝을 맺는다. 그러나 당시 참여했던 800여 명의 우국지사는 좌절하지 않고, 그 뒤에 각기 자기 고을에서 의병을 모아 왜의 군경과 유격전을 벌였는데 그 전과가 대단했다.

고국에 돌아온 임병찬은 노심초사 하던 중, 1914년 고종황제의 밀지를 받고 대한독립의군부 조직을 서둘렀다. 그러나 이 조직공작은 한 동지의 실수로 왜경에게 탄로 나 수포로 돌아갔다. 이어 임병찬은 일본 총독 데라우치를 대리한 경무총장 타치바나와의 면담에서 한국독립을 역설한 후, 총독과 일본 내각 총리대신 오오쿠마에 각각 두 차례씩 한국독립을 주장하는 서한을 보냈다.

이것이 결국 화근이 돼 임병찬은 일제가 만든 소위 보안법 위반으로 거문도에 유배된다. 이곳에서 2년간에 걸쳐 일제의 온갖 탄압과 회유에도 굴하지 않고 항거하다 1916년 끝내는 비분 절사했다. 임병찬 선생은 그의 생애를 오직 항일구국의 투쟁에 바쳤던 것이다.

[29] 새 세상 꿈꾸며 이름까지 바꾼 혁명가, 김개남****

<김개남 장군 묘역·영혼을 기려 고향인 정읍 산외면 지금실 마을 입구에 조성해 놓음>

　혁명가 김개남은 전봉준, 손화중 등과 더불어 갑오년 동학농민군 지도자 중 한 사람이다. 비록 '녹두장군' 전봉준의 그늘에 가려 널리 알려져 있진 않지만, 당시 전주성을 점령한 이후 남원을 중심으로 한 전라좌

**** 출처: 새 세상 꿈꾸며 이름까지 바꾼 혁명가, 김개남, 오마이뉴스.

도를 호령했던 영웅호걸이다.

호남고속국도 태인 나들목에서 나와 태백준령 못지않은 험한 산세를 자랑하는 진안고원 방향으로 길을 따라간다. 한때 태인은 인근의 정읍이나 김제와는 비교가 되지 않을 정도로 큰 고을이었지만 지금은 많이 쇠락해 스산한 느낌마저 든다. 스쳐 지나가는 길 새뜻하게 단청을 칠한 호남 제일의 정자라는 '피향정'만이 과거의 영화를 떠올리게 한다.

그의 고향은 두루뭉수리 태인 출신으로 기록돼 있지만, 정확하게는 읍내에서 굽잇길로 족히 20~30분은 더 들어가야 하는 정읍시 산외면 동곡리 지금실 마을이다. 주소를 알고 찾아가면 모를까 내비게이션에 '김개남'을 입력하면 '김개남 장군 묘'만 안내한다. 그런데 도로도 나 있지 않은 산골 어딘가를 가리키는 통에 한참을 헤매게 되니, 애초에 산외면 소재지 근처의 주민들에게 물어 가는 게 좋다.

동네의 웬만한 구멍가게조차 빈틈없이 챙기는 내비게이션조차 잘못 안내할 만큼 김개남에 대한 후세인들의 기억은 흐릿하다. 전봉준보다 두 살이 더 많았지만 그를 기꺼이 상관으로 추대할 만큼 통이 컸을 뿐만 아니라, 비록 몰락했을지언정 양반 가문 출신이었음에도 신분제의 굴레 속에 억눌리며 살았던 천민들의 삶을 나 몰라라 하지 않았던 그였다.

혁명을 꿈꿨던 그는 단지 선이 굵었을 뿐이다. 당시 지배세력인 양반과 중인층까지도 다독이며 끌어들이려 했던 전봉준 등과는 달리 오로지 천민을 위시한 민중들의 울분과 강렬한 혁명 의지만을 믿었기에 피아의 구분이 분명했던 것이다. 기득권에 한 번 안주해본 계층은 상황에 따라 얼마든지 기회주의적으로 행동하고 끝내 변절할 수밖에 없음을 그 누구보다 잘 알았다.

그러했기에 그는 봉건세력들과 끝까지 조금도 타협하지 않았고, 후세 사가들에 의해 '강경파'라는 달갑지 않은 낙인이 찍히게 된다. 어쩌면 시대를 앞서 사고했고 조금의 머뭇거림도 없이 단호했으며 확신에 찬 실천가였기에 그는 당시 기득권층은 물론 농민군 내부와 후세 사가들에게조차 적잖이 두렵고 꺼려지는 존재였을지도 모른다.

혁명의 동지였던 전봉준과 동학의 교주인 최제우, 최시형 등을 중심으로 동학농민운동이 평가되고 해석되다 보니 김개남의 역할과 위상은 종속변수가 될 수밖에 없었고 세월이 흘러 '역사'로 박제화하면서 시나브로 잊혀졌다. 이른바 역사 해석을 독점하는 '주류'가 있을진대, 그들의 시각에서 김개남은 늘 예외적 존재로 남을 수밖에 없었던 것이다.

'한우마을'로 꽤 알려진 산외면 소재지에서 옹동면으로 넘어가는 지금재 고갯길 조금 못 미친 곳에 그의 묘역이 조성돼 있다. 녹슬고 버려진 경운기만이 마을 고샅길을 지키는 쇠락한 곳이지만, 이 마을의 자랑인 양 수문장처럼 당당하게 자리하고 있다. 한양으로 압송되기도 전에 참수되고 곳곳을 돌며 효시되다 보니 그의 시신이 수습됐을 리 없고, 곧 고향인 이곳에 그의 정신과 영혼만 담아 가묘를 세운 것이다.

규모는 그리 크지 않지만 가지런하고 푸른 잔디밭 위에 한 쌍의 무인상이 번듯하게 섰고 큼지막한 상석까지 갖췄으니 그런대로 섭섭지 않은 대접을 받고 있는 셈이지만, 여전히 그의 생가 터는 폐허로 남아 있다.

'김개남 장군 고택 터 0.1km'라는 안내판만 생뚱맞게 크고 새것일 뿐, 정작 안내판만 따라가서는 도저히 찾을 수 없을 만큼 방치돼 있다. 생가였음을 알리는 비석은 아예 잡풀더미에 덮혔고, 그의 생애를 적어 놓은 철제 팻말이 세워진 곳은 길조차 없는 비닐하우스 뒤다.

생가 터는 비탈진 마을의 맨 위에 자리하고 있다. 대나무 숲이 터를 널찍하게 두르고 있어 집터라고 추측할 수 있을 뿐 그 흔한 주춧돌 하나 남아 있지 않고 잡풀만 무성한, 그야말로 폐허다. 더욱이 입구 오른편에 버려진 지 족히 십수 년은 됐을 법한 폐가가 흉물스럽게 남아 있어 을씨년스러움을 더하고 있다.

'수구초심'이었을까, 전봉준이 이끄는 농민군 주력이 공주 우금치에서 혈전을 벌이고 있을 즈음, 청주성을 끝내 넘지 못하고 자신이 이끌었던 농민군의 대다수를 잃고 퇴각한 김개남은 이곳 고향 언저리에 머물며 훗날을 도모한다. 그러나 그의 오랜 친구이자, 후대 항일의병장으로 역사에 길이 남게 되는 임병찬의 밀고로 전라관찰사에게 붙잡히게 된다. 비록 친구를 배신했을지언정 면암 최익현의 수제자이기도 한 임병찬에 대해 역사는 대체로 '긍정적' 평가를 내리는 것 같다. 이는 곧 그가 버린 혁명가 김개남을 더욱더 불경스럽고 포악한 자로 몰아세울 수밖에 없었다.

일설에 의하면, 농민군 지도자 중에 가장 먼저 처형돼 효시된 그의 시신은 현장에서 난도질당했는데, 그를 그토록 증오하고 두려워했던 양반들이 그의 간을 도려내어 돌려가며 씹었다고 한다. 결국 당대의 역사를 기록하고, 후대 그것을 해석하며 평가하는 모든 '힘 있는 자'들과 척을 질 수밖에 없었던 그는 지금도 여전히 우리 역사에서 적잖이 부담스러운 존재로 남아 있다.

자신의 신념에 지나치게 솔직하고 투철했기에 짧고 굵은 삶을 살다 갔고, 역사의 평가 또한 양극단을 달리며 여전히 진행 중이다.

한때 전라도 땅을 넘어 나라 전체를 벌벌 떨게 했던 그였지만, 이곳 고향 지금실과 그가 '영주(永疇)'에서 '개남(開南)'으로 이름까지 바꾸며 새 세상을 꿈꾼 남원 교룡산성 등 몇 곳을 제외하면 현재 그의 자취를 더듬어볼 수 있는 곳은 없다.

그의 묘 곁에는 그의 생애를 노래한 시비 '개남장(開南丈)'이 서 있다. 여느 묘의 그것과는 달리, 그의 업적보다도 김개남에 대한 역사의 소홀한 평가를 아쉬워하는 내용이 주로 새겨져 있다.

우리 역사의 변곡점에서 세상을 뒤집으려 했던 위대한 혁명가의 이름이 후세에 의해 아무렇지도 않게 잊혀지고 지워지는 현실을 꾸짖는 피끓는 절규 같다.

[30] 독립운동가 '백정기 의사'의 모든 것

❋ 백정기 의사 과연 그는 누구인가

1896년 출생
1902년 정읍으로 이주
1908년 결혼
1919년 인천군사시설 파괴 기도
1922년 중국 베이징 망명
1923년 일왕 암살 기도
1924년 재중국무정부주의자연맹 가입
1925년 상해 총파업 투쟁
1927년 농민자치자위운동
1928년 동방무정부주의자연맹 참여
1930년 한족총연합회 참여
1931년 남화한인연맹 결성
1932년 흥구공원 거사
1933년 육삼정 의거
1934년 순국
1946년 삼의사 유해 봉환
1963년 건국공로훈장 추서
1946년 서울 효창원에 국민장으로 안장됨
1956년 정읍 영원면에 순국기념비 건립
1996년 사단법인 백정기의사기념사업회 결성
1997년 의열사 기공식
2004년 의열사 준공식 및 영정 봉안제 열림

백정기 의사는 갑오농민혁명이 일어난 2년 후인 1896년 태어난다. 을미사변에 분노한 의병들이 각처에서 일어나고 고종황제가 러시아 공관으로 피신한 아관파천이 일어나 나라의 앞날은 한치 앞도 내다 볼 수 없었다. 의사가 결혼한 후에는 한일합방으로 나라를 잃었고 고을 일대의 부자였던 처가가 일제에게 수탈당하는 것을 지켜봐야만 했다.

백정기 의사는 1919년 3·1운동을 계기로 독립운동에 뛰어들고, 28세 때인 1923년에는 일왕을 암살하고자 일본으로 건너갔으나, 관동조선인 대학살 사건이 일어나 뜻을 이루지 못하고 중국의 베이징과 상하이에서 조직적인 아나키스트 활동을 펼친다. 1930년 이후에는 만주에서 한족총연합회에 참여했으나 만주사변이 발발하여 동지들과 상하이에서 남화한인연맹을 결성하고 본격적인 무장투쟁에 나선다.

백정기 의사는 찬연한 의열투쟁 끝에 일본의 감옥에서 조국 광복을 10여 년 앞둔 1934년 순국한다.

◆ 1896년(출생): 1월 19일 전북 부안군 부안읍 신운리에서 백남일의 2남 2녀 중 맏아들로 태어남.

◆ 1902년(성장): 일곱 살 때, 정읍 영원면 은선리로 이주하여 성장함.

◆ 1908년(결혼): 열세 살 되던 해, 정읍군 앵성리의 창녕 조씨 문중 조숙경의 장녀 팔락과 혼인.

◆ 1919년(인천 군사시설 파괴 기도): 24세, 3·1운동을 전후하여 일제에 대하여 직접 행동을 취할 것을 결심하고 동지규합과 자금염출에 힘쓴다. 8월 인천에서 일본인 시설에 대한 파괴 활동을 계획하였으나 사전에 발각되어 만주 심양 방면으로 피신한다.

◆ 1922년(베이징 망명): 27세, 중국 베이징으로 망명하여 이회영, 유자명, 이을규, 정화암, 신채호 등과 자주 접촉하며 독립운동을 계

속함.

◆ 1923년(일왕 암살 기도): 28세, 일본에 밀입국하여 동경 부근 하야 가와수력공사장에서 은신하며 대파괴를 계획하고 일왕 암살을 기도하던 중 동경대지진으로 겨울에 귀환함.

◆ 1924년(재중국무정부주의자연맹 가입): 29세, 4월 북경으로 귀환하여 이회영, 이을규, 이정규, 유자명, 정화암 등과 함께 재중국조선무정부주의자연맹을 결성하고 기관지 『정의공보』를 발행함.

◆ 1925년(상해총파업 투쟁): 30세, 5월 상해총파업이 일어나자 중국인 아나키스트들과 공단연합회를 연결시켜 12만 노동자가 참여하는 노동운동을 조직, 지도함.

◆ 1927년(농민자치자위운동): 32세, 이을규, 이정규 등과 더불어 푸젠성 취안저우 시에 민남 25현 민단편련처라는 농민자위군을 조직하여 농촌의 자치자위운동을 한·중·일 3국 아나키스트 합작으로 일으킴.

◆ 1928년(동방무정부주의자연맹 참여): 33세, 5월 말 남경에서 한국, 중국, 일본, 인도, 대만 등 아시아 각국의 아나키스트들과 함께 동방무정부주의자연맹을 조직함. 9월 남경에서 열린 동방무정부주의자대회에 한국 대표의 1인으로서 참석하고 기관지 『동방』의 편집위원으로 활약함.

◆ 1930년(한족총연합회 참여): 35세, 10월 말 북만주 길림성 해림으로 가서 김종진, 김야운 등과 같이 김좌진, 이을규 등 동지들의 조직체인 한족총연합회에 참여하여 재만주 동포의 조직 강화와 혁명사상 고취에 힘쓴다.

◆ 1931년(남화한인연명 결성): 36세, 9월 만주사변 발발을 계기로 이회영, 유자명 등과 협의하여 남화한인청년연맹을 결성하고 산하단

체로서 남화구락부를 두어 기관지 『남화통신』을 발간함. 또한 흑색공포단을 조직하였는데 흑색공포단은 10월 말 중국인, 일본인 아나키스트들과 함께 항일구국연맹을 결성하고 산하행동대인 흑색공포단을 편성함.

◆ 1932년(홍구공원 거사): 37세, 4월 29일, 홍구공원 거사를 준비했으나 왕야차오로부터 약속한 출입증을 전달받지 못해 실패함. 또한 밀정 이태공, 연충렬을 처단함. 10월 일경 주구 3명을 상해 시의 남상으로 유인하여 처단하고, 11월 이회영을 밀고하여 고문사시킨 이태공과 연충렬을 처단함.

◆ 1933년(육삼정 의거): 38세, 3월 17일 이강훈, 원심창과 함께 일제 주중공사 아리요시아끼 및 일제군정수뇌들 몰살을 도모하던 중 일본 영사 경찰의 불의습격으로 불행히 뜻을 이루지 못하고 피체됨.

◆ 1934년(순국): 39세, 1933년 11월 나가사키 법정에서 사형구형에 무기징역형을 선고받고 이사하야 감옥에서 복역하던 중 1934년 6월 5일 오후 11시 옥중 순국함.

◆ 1946년(유해 봉환): 6월 이봉창, 윤봉길 두 의사와 함께 일본에서 유해를 봉환, 서울 효창공원 삼의사 묘역에 안장됨.

◆ 1963년(건국공로훈장 추서): 정부에서 대한민국 건국공로훈장 독립장을 추서함.

❈ 백정기 의사의 말씀

"나의 구국일념은 첫째, 강도 일제(日帝)로부터 주권과 독립을 쟁취함이요. 둘째는 전 세계 독재자를 타도하여 자유, 평화 위에 세계 일가(一家)의 인류 공존을 이룩함이니 왜적 거두의 몰살은 나에게 맡겨 주시오."

-거의하기 전에 결의를 다지며-
[출처] 육삼정 의거

※ 백정기 의사의 일상생활과 그의 활동

① "총명한 백정기 의사"

⇨ 14세 전후에는 『사서삼경』에 통달할 정도로 영특했으며 서도에 있어서도 상당한 천재적 소질을 발휘하였다. 또한 신학문을 배워 정치에 대한 식견도 높아 향리에서 일이 생길 때마다 그의 의견이 많이 반영되곤 하였다.

② "경술국치를 당하자 어린 소년의 가슴에 항일의식이 싹트다"

⇨ 의사가 15세가 되던 1910년에 일제에 의해 나라를 빼앗기게 되자 어린 소년의 가슴에는 울분과 굴욕감을 가져 나라를 구하겠다는 구국일념이 싹트고 있었다. 그의 지칠 줄 모르는 항일의식은 이미 10대 소년 시절부터 민족의 앞날을 염려하며 일제를 타도하는 일에 신명을 바칠 것을 결심하였다. 시대적 갈등과 마찰 속에서 스스로의 고민에 빠지곤 했던 의사는 애국의 길이 무엇인가를 어렴풋이 느끼게 되었다. 정읍 같은 시골에 있어서는 안 되겠다고 생각하고 서울에는 사람도 있고 문화도 있고 기댈 곳도 있고 싸울 상대도 있으니 상경해야겠다는 결심을 하고 1919년 2월에 서울에 도착하였다.

③ "향리에서 3·1독립만세운동을 선도하다"

⇨ 광무황제가 일제에 의해 독살되었다는 소식에 이어 3·1독립만세의 기운이 무르익어 가게 되자 서울에 있을 것이 아니라 시골에 내려가서 동지들을 규합하여 독립만세를 외쳐 큰일을 해보자는 결심을 하고 급히 귀향하여 3개 마을을 누비면서 일제의 침략 사실을 진지하게 알리고 궐기할 것을 호소하여 3·1독립만세운동을 선도하였다. 그해 8월 동지 4명과 함께 다시 상경하여 서울과 인천 등지에서 일제기관의 파괴, 방화와 침략원흉의 처단, 보급로 차단 등 적극적인 항일투쟁 계획을 추진하였으나 사전에 일경에 탐지되어 뜻을 이루지 못하게 되자 국외로 망명할 것을 결심하고 수색, 신의주를 거쳐 압록강을 건너 안동(현, 丹東역)에 도착하였다.

안동은 국내로 진입하는 교통의 요충지로서 시내 북감자에는 영국 국적의 조지 엘 쇼(Gorge L. Show)가 무역상 대리점을 경영하고

▲ 이륭양행 주인 체포 기사
(동아 1920.8.11)

있었으며, 그 이륭양행 2층에 임시정부 교통부 산하 안동 교통지부가 설치되어 있어 각종 정보의 수집, 교환, 연락 및 군자금을 모집하는 등 항일활동의 주요 활동무대로 각광을 받고 있었다. 의사는 조지 엘 쇼를 찾아가 상담하고 그의 알선으로 봉천(현, 沈陽)에 갔으며, 그곳에서 이강훈을 만나 후일 <육삼정 의거>의 동지로서 첫 인연을 맺었다고 한다. 1920년

겨울 재차 서울에 들어와 군자금모집 활동을 하던 중 이듬해 초 수상히 여긴 일경의 불심검문으로 피체되어 서울 중부경찰서에 구금되었으나 광부로 변성명하고 본적과 행적을 속이는 등 임기응변으로 위기를 면할 수 있었다. 의사는 일제의 세력이 미치는 국내에서는 항일활동이 어렵다고 판단하고 다시 신의주, 봉천을 경유하여 1921년 말에 북경에 도착하였다. 당시 그곳에서 독립운동을 하고 있던 이회영, 유자명, 이을규, 정화암, 신채호 등과 자주 접촉하였다.

한국임시정부의 중국 안동현 연통요새에서 독립군을 지원해준 영국인 회사 이륭양행 주인 '쇼' 씨가 일본 경찰에 잡혔다는 기사를 싣고 있다. 이륭양행 주인 조지 엘 쇼(George L. Show)는 안동시에 거주하며 무역업과 기선업을 경영하면서 1919년 3·1운동 이후 만주와 상해에서 독립운동을 하는 한국인들에게 여러 가지 편의를 제공하고 한인 독립운동을 지원하였다.

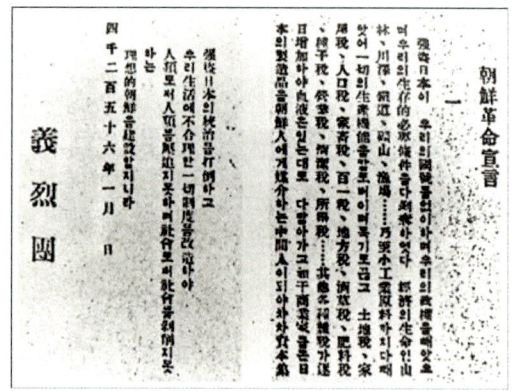

④ "북경에서 신채호 등으로부터 무정부주의 영향을 받다"

⇨ 단재 신채호는 1923년에 <조선혁명선언>을 발표하여 무지배, 무권
력의 민족 자신의 역량으로 독립을 관철할 것을 촉구하고 아나키
즘(무정부주의)을 주창하였는데 의사는 이때 이회영, 신채호 등의
영향으로 무정부주의가 추구하는 이상적인 농촌사회 건설에 참여
하기도 하였다. 1924년 의사는 중대한 사명을 띠고 일본 동경에 잠
입하여 조천수력공사장의 대파괴 계획을 수립, 추진하였으나 관동
대지진과 소위 불령사건으로 인하여 일본인 폭도들의 조선인에 대
한 대학살 만행으로 갖은 고초를 겪으며 천신만고 끝에 동년 말
북경으로 다시 돌아왔다.

⑤ "재중국 조선무정부주의자연맹을 결성하여 정의공보를 간행하다"

⇨ 북경에 도착한 의사는 보다 적극적으로 독립운동을 전개하고자 이
론과 방법 문제에 관심을 갖고 연구하게 되었다. 1924년 4월에 의
사는 이회영, 이정규, 이을규, 정화암, 유자명 등과 함께 재중국 조
선무정부주의연맹을 결성하여 기관지로써 『정의공보』를 순간으로
발행하였다. 이 기관지는 아나키즘에 기초하여 독립운동의 방향을
나름대로 제시하였으나 자금난으로 휴간하지 않을 수 없었다.
1924년 9월 정화암 등과 함께 일본관헌의 탄압을 피해 상해에 가
서 영국인이 경영하는 철공장에 들어가 폭탄제조기술을 익혔으며,
1925년 5월 30일 총파업이 일어나자 중국인 무정부주의자들과 더
불어 노동운동을 전개하여 10여 만 명 단위의 대노동자조합을 만
들어 독립운동의 방편으로 이용할 계획을 세우기도 하였다. 1927
년 여름 중국 동지 진망산, 양용광, 진춘배 등의 제청으로 농촌의
자치운동을 한·중·일 3개국 동지들의 합작으로 일으키게 되었다.

복건성 천주 시에 민단훈련소가 설립되고 항일독립투사가 이곳에서 양성되었다. 의사는 이정규 형제와 정화암 등 동지들과 농민자위군을 조직하여 농촌계몽과 조직화에 힘썼으며 후에 조직이 확대되어 3,500명 규모의 대오를 정비하고 농민자치운동을 전개하였다.

⑥ "한·중인 등이 협력하여 친일주구배를 처단하다"
⇨ 1931년 9월 18일 만주사변이 일어나자 의사는 재중국 조선무정부주의자연맹, 남화아나키스트연맹, 동방무정부주의자연맹을 기간으로 항일구국연맹을 조직하고 그 기관지로서 『자유신문』을 발행하여 서사 항일투쟁을 선전 고취했으며 제1차 상해사변이 일어나자 각국의 15인으로 파괴, 암살을 목적으로 하는 흑색공포단(Black Terorist Party)이란 행동대를 조직하여 일제기관 파괴와 침략원흉의 처단을 계획하였다.

▲ 친일파 이용로 암살사건 관련 기사

이들의 행동이 점점 활발해지자 일본 군경은 전력을 경주하여 그 근거를 뽑으려고 기도하였으나 1932년 10월 백 의사의 주도로 정화암, 이달 등과 함께 밀고자로 지목되어오던 이규서, 연충열 등

주구 3명을 처단하였다. 1933년 5월에는 오면직, 엄순봉, 주열, 안경근이 일본 영사관의 밀정으로 지탄받고 있던 이종홍을 처단하였으며 동년 8월에 변질자로 지목되어온 옥관빈을 처형하였다. 그리고 1935년 3월 25일에는 엄순봉과 이규창이 상해조선인거류민회 부회장과 고문을 역임한 바 있는 친일파 이용로를 처형하였다.

⑦ "상해 육삼정(六三亭)에서 침략의 주구인 주중 일본공사 등 처단하기로 결정하다"

⇨ 1933년 3월 일본 육군대신 황목정부를 중심한 일본 군벌은 주중공사 유길명에게 4천만 원이란 거액을 주어 열하성을 근거로 반만항일유격전을 전개하고 있는 의용군과 한족의 항일독립군을 공격하고 탄압하도록 지시하였다. 이에 협력하기 위해 국민정부에 기생해 있는 부일분자와 고급 장성을 매수하려는 비밀회의가 상해 공동조계에 있는 육삼정이란 고급 요리점에서 개최된다는 정보를 입수한 흑색공포단은 1933년 3월 5일 의사의 숙소인 상해 프랑스조계 복이리로 정원방에서 정화암, 원심창, 엄순봉, 이강훈, 이달, 이수현, 정해리, 오세민(日人: 야다베 矢田夫)이 회합하여 시국을 분석하고 그 대책을 강구하는 한편 육삼정을 습격하여 유길명 등을 처단하기로 결정하였다. 모두 이 절호의 기회를 놓치지 않고 이 기회가 독립운동자의 죽음의 장소라 생각하여 이 값있는 일을 제가끔 담당하려고 하였다. 그리하여 이날 회합에서는 거사를 담당할 사람을 결정하지 못하고 이튿날 다시 모여 추첨으로 두 사람이 결정되니 의사와 이강훈이 뽑혔다.

⑧ "거사를 위한 폭탄투척 연습 등 사전에 치밀한 준비를 하다"

⇨ 원심창은 참모로서 적의 동정과 현장의 조사 등을 맡기로 하고 유자명, 오면직, 정화암 등은 거사일인 17일까지 은밀히 만전의 준비를 서둘렀다. 무기는 윤봉길 의사가 백천대장 등을 처단했을 때 사용한 것과 똑같은 대형폭탄을 선택했다. 윤봉길 의사의

▲ 원심창(1906~1971)의 구국 항일운동 활동을 모아 놓은 스크랩이다. 독립운동가인 원심창은 1933년 이강훈, 백정기 등과 주중일본공사를 폭살하려다 붙잡혀, 일본 나가사키(長崎) 지방재판소에서 무기징역을 선고받고 복역 중 광복을 맞아 출옥했다.

의거 후 김구 주석이 상해를 떠나 가흥으로 이동할 때 오면직에게 맡긴 폭탄 2개를 비롯하여 중국인 왕아초와 화균실로부터 권총 2자루와 탄환 20발 그리고 수류탄도 1개 더 준비하였다. 그리고 백의사와 이강훈은 폭탄투척 연습으로 거사에 실수가 없도록 사전에 치밀한 준비를 하였다. 일본군 수뇌들이 육삼정에서 회합을 갖는 것은 3월 17일 오후 9시부터 11시까지이므로 이 시간대에 거사하기로 하였다. 드디어 거사일인 3월 17일 오후 6시 남시 진진다관에서 차를 마신 두 의사는 유자명, 오면직과 "죽어 저승에서 만나자"고 마지막 작별인사를 하고 이규창이 불러온 서역 자동차회사의 차에 의사와 이강훈, 원심창 등 5명이 함께 타고 조계를 넘어 동일 오후 8시경에 현장 부근에서 내렸다. 의사는 육삼정 건너 무창로 271호 중국요리점인 송강춘 2층으로 올라가고 이강훈은 중국 옷에 과모를 쓰고 대형폭탄을 옆에 낀 채 절름발이로 가장하여 절뚝거

리며 형세를 보니 주위의 감시가 철옹성 같았다. 의사는 자세한 현장상황을 파악하기 위하여 일본인을 만나기로 계획되어 있었다. 일본인은 육삼정 부근에서 유길명 공사가 출발하는 것을 감시하기로 되어 있었는데 아나키스트라고 떠들어대던 그 일본인을 믿은 것이 실수였다.

▲ 백의사의 무기징역 선고 판결문 사진이다. 1932년에 중국 천진의 일본총영사관, 군사령부를 습격하였고 1933년에는 일본 공사를 암살하려다가 일본 경찰에 체포되어 옥사하였다(좌). 육삼정 의거를 일으킨 백정기·이강훈 등 독립운동가들이 투옥되었던 나가사키(長崎) 형무소다(우).

계획이 사전에 누설된 것도 모르고 일본인을 기다리고 있었으나 그는 끝내 오지 않았다. 후에 밝혀진 일이지만 그 일인은 전과자로서 일본 영사관에서 그가 백정기 등과 접촉을 하고 있다는 사실을 알고 그를 밀정으로 이용하였다. 일본 측은 백정기 등 동지들을 체포하려고 그를 설득하여 과거의 죄과를 덮어주고 경제적인 편의를 제공해주기로 하고 계획적인 음모를 꾸미 그를 통하여 유길명 공사 등 살해계획을 알아낸 다음 육삼정 부근의 인력거꾼에서부터 식당의 종업원까지 형사로 변장시켜 사전에 배치하였다. 동지들은 갑자기 덮친 일본 영사관의 좌백과 등정 경무보 등 10여 명이 갑자기 덮쳐 손 쓸 새도 없이 붙잡혀 거사를 이루지 못했다. 비록 거사 직전 발각되어 뜻을 이루지는 못하였지만 이 <육삼정 사건>은 일본제국주의의 대륙침략음모를 폭로시켜 중국인들의 항일의식에 큰 영향을 주어 항일전쟁을 하게끔 유도했고, 한국인의 항일의식을 고취시켰다는 점에서 독립운동사상 큰 사건이라고 하겠다.

⑨ "일본 장기(長崎)로 압송된 후 무기징역을 받고 옥고 중 순국하다"
⇨ 의사는 곧 일본 장기로 압송되었다. 이 의거가 있은 후 양일동이 일본으로 건너가 이 사실을 일본에 있는 동지들에게 알리고 최학주, 정찬진, 정철, 홍성환 등과 협력하여 압송지를 알아내고 구원운동 비용을 마련하였다. 홍성환이 장기까지 찾아가 백 의사 등 3인을 면회하고 변호사를 선정하는 등 구원운동을 폈으나 무위로 끝나고 말았다.

▲ 김구 선생이 조국의 독립을 위해 목숨을 바치신 윤봉길·이봉창·백정기 3의사의 유골을 일본으로부터 봉환하여 부산에서 맞이하는 모습이다.

일본 장기법원에서 백 의사와 원심창은 무기징역을, 이강훈은 징역 15년 형을 언도받았으며, 의사는 옥고 중 1934년 6월 5일 천추의 한을 가슴에 품고 향년 39세로 옥중에서 순국하였다. 의사의 유해는 적지 일본에 묻혔다가 조국광복 후 1년 만인 1946년 7월 6일 이봉창, 윤봉길 두 의사의 유해와 함께 조국에 봉환되어 국민장으로 천묘의식을 치른 뒤 효창원에 안장되었다.

❀ 아나키스트 백정기 의사

① 아나키즘이란?*

⇨ 아나키즘은 민족주의, 공산주의와 더불어 3대 항일투쟁사상으로 꼽힌다. 아나키즘 사상은 "누구에게도 속박되지 않으나 누구도 속박하지 않는다"는 주장처럼 어떠한 형태의 권력이나 억압에도 반대하고, 자유로운 개인이나 집단의 자발적 협동과 자유로운 연대를 강조한다. 국가나 조직의 규율, 또는 권력은 자유로운 개인들의 생각이나 행동을 억압하고 절대권력자에게 종속시킨다고 보기 때문이다. 오늘날에는 시민들의 NGO운동이나 참여민주주의, 환경운동, 여성 또는 소수자운동 등의 이론적 기틀로 각광 받고 있다. 무정부주의라는 번역 대신, 자유연합주의 또는 자유공동체 운동으로 자주 쓰인다.

---

* 아나키즘(anarchism)을 무정부주의라고 번역한 사람은 일본 도쿄 대학의 게무리야마 센이치로였는데 1902년에 그 편의적으로 번역해 놓은 '무정부주의'라는 용어가 마치 정부 조직이 없는 혼란 상태를 뜻하는 것으로 받아들여지면서 많은 오해를 낳았다. 아나키즘은 그리스어의 '아나르코anarchos'에서 나온 말로 '없다an'와 '지배자 arche'라는 뜻의 합성어로서, 글자 그대로 '지배자가 없다'는 뜻이다. 본질적으로 지배권력 없는 사회를 추구하여 개인의 도덕적 품성에 의한 자발적 합의와 그에 기초한 연대와 협동이 아나키즘의 이론적 배경이다. 특히 경제학상의 전통적 자유주의가 아니라 경제적 정의를 통한 완전한 인간의 자유를 추구하는 점에서 '자유사회주의'라고 일컫기도 하며 때문에 중앙 집권적이고 권위적인 공산주의와는 전통적으로 대립하여 왔다.

② 태동과 변천

◆ 아나키즘의 태동

⇨ 아나키즘의 요소는 스토아철학의 창시자인 제논은 물론 노자, 장
자 등 동양사상에서도 발견된다. 영국의 고드윈이 처음으로 아나
키즘에 대해 저술했으며, 그 후 프랑스의 프루동이 세계의 아나키
즘을 이끌었고, 러시아에서는 바쿠닌과 크로포트킨이 이론을 더욱
체계화시켰다. 현재에 와서는 생태주의, NGO 활동과도 연계하여
발전해가고 있다.

▲ 몇 년 전 한국에서 활동한 아나키스트를 주제로 상영된 영화이다.

◆ 아나키즘의 변천과정

1) 고드윈

⇨ 처음에는 영국의 목사였으나, 계몽사상에 접하고부터 문필활동을
시작했다. 프랑스혁명 직후인 1793년『정치적 정의나 그것이 일반

미덕과 행복에 미치는 영향에 관한 고찰』을 써서 사유재산의 부정과 생산물의 평등분배에 입각한 사회정의의 실현을 주장했으며, 아나키즘의 선구자이자 급진주의의 대표가 되었다.

2) 프루동

⇨ 1840년『재산이란 무엇인가』에서 '재산이란 도둑질한 물건이다'라고 주장했다. 노동자가 생산수단을 소유하여 소생산자 개인의 자유의사에 기초를 둔 협동조합조직을 만들고, 이 조직을 지역적으로 연합시켜 지방분권 조직인 연합사회를 건설할 것을 주장했다. 나폴레옹 3세의 제2제정기 노동조합운동이나 제1인터내셔널 조직, 나아가서는 파리코뮌에 큰 영향을 끼쳤다.

3) 바쿠닌

⇨ 1840년 유럽으로 건너가 범슬라브주의와 아나키즘을 수용했다. 1848년 프라하 봉기, 1863년 폴란드 무장봉기, 이탈리아 혁명운동에 참여했다. 제1인터내셔널에서 마르크스의 공산주의와 대립되는 집산주의를 내세워 대중이 소외되는 지배적 노동운동을 격렬하게 비판했다. 에스파냐, 이탈리아, 러시아 등 주로 유럽의 혁명운동에 영향을 주었다.

4) 크로포트킨

⇨ 명문귀족 출신으로 알렉산드르 2세의 근위사관을 사퇴하고 시베리아 군대에 자원하여 지리학과 자연생태를 연구한다. 1917년 2월혁명 후 케렌스키 임시정부를 지지했고, 10월 혁명 후에는 볼셰비키당의 독재에 반대하여 고난을 받았다. 저서『근대과학과 아나키즘』에서는 아나키즘 이론을 과학과 접목시켜 체계화했다. 주로 한·중·일 등 동아시아의 혁명운동에 큰 영향을 끼쳤다.

③ 한국 아나키즘의 전통

⇨ 한국의 아나키즘은 3·1 운동 후 1920년경부터 중국 베이징으로 망
명한 인사들, 일본 도쿄로 건너간 유학생과 노동자들 가운데서 싹
트기 시작했다. 신채호는 '조선혁명선언'으로, 박열은 일왕 폭살사
건으로 운동의 막을 열었다. 국내에서는 1920년 최초의 대중적 노
동단체인 조선노동공제회가 조직되어 야학과 경연회를 개설하고
기관지 『공제』를 발간했다. 광복 후에는 이승만 독재정권과 김일
성의 공산주의에 맞서 혁신정당과 농촌계몽운동에 힘썼다.

◆ 일본에서 전개된 한인 아나키즘

⇨ 1902년 근대무정부주의가 출간되면서 시작된 일본 아나키즘은 오
스기 사카에에 의해 중국, 조선 유학생들에게 영향을 주었다. 박열
과 정태성, 원심창 등은 흑도회와 흑우회, 흑우연맹을 통해 순정아
나키즘운동을 전개했고 이동순, 양일동 등은 생디칼리즘적 노동운
동을 통해 권익옹호에 힘썼다. 1934년 일본 무정부공산당에 합류
해 통일전선을 꾀했던 이들은 해방 후 재일본조선인거류민단을 창
설하는 데 기여했다.

◆ 중국에서 전개된 한인 아나키즘

⇨ 중국에서 아나키즘은 사회발전을 정체시킨 봉건제도 타파 방안의
하나로 받아들여졌다. 신해혁명 이후 북경대학의 이석증, 채원배
등의 후원을 받아 이회영, 신채호, 유자명 등이 큰 영향을 받았다.
1920년대 의열단활동의 정신적 지주로 삼았던 아나키즘은 신채호
의 무정부주의 동방연맹 결성에 이어 1930년대 정화암의 남화한인
청년연맹으로 이어졌다. 1937년 중일전쟁을 계기로 유자명과 유림
등은 조국광복을 위한 통일전선을 결성, 임정의 광복군에 합류해
무력항쟁을 펼쳤다.

④ 사상과 의열투쟁

⇨ 항일기의 아나키즘 운동은 전면적 무력투쟁과 민중의 직접혁명을 강행하는 운동이었다. 노동자와 농민 등을 독립운동의 주체로 보았으며, 직접 행동에 의한 사회 혁명을 주장했다. 일제에 대항할 만한 군사력이나 경제력, 조직적 기반 등이 없는 식민지 민중의 입장에서는 자신의 목숨을 내건 의열투쟁만이 가장 효과적인 투쟁수단이었던 것이다.

◆ 아나키스트 조직

⇨ 흑우회, 재중국 조선무정부주의자연맹, 동방무정부주의자연맹, 재만 조선인무정부주의자연맹, 이 외에도 조선공산인무정부주의자연맹, 남화한인청년연맹, 항일구국연맹 등이 있다.

❈ 평가

우리에게 구파 백정기 의사는 잘 알려지지 않은 인물이다. 사실 중고 시절에 국사를 배웠고 근현대사와 관련된 책을 많이 읽었지만 그의 이름을 들어보지 못한 사람들도 많을 것이다. 그 후회와 함께 백정기 의사께 부끄러운 마음에 고개가 절로 숙여진다. 그는 독립운동의 선구자이다. 어린 나이부터 돌아가기 전까지도 자기 자신보다는 그리고 부모보다는 나라 걱정을 먼저 한 독립운동가였다. 이러한 것은 그의 유언**에도 잘 나타난다. 그는 강건한 심장을 가진 독립운동가로서 아나키스트로서 때로는 일본의 식민지 나라에 살고 있는 한 남자로서 때로는 부드

** 나는 몇 달을 더 못 살겠다. 그러나 동지들은 서러워 말라. 내가 죽어도 사상은 죽지 않을 것이며 열매를 맺는 날이 올 것이다. 형들은 자중자애하여 출옥한 후, 조국의 자주독립과 겨레의 명예를 위해서 지금 가진 그 의지, 그 심경으로 매진하기를 바란다. 평생 죄스럽고 한 되는 것은 노모에 대한 불효가 막심하다는 것이 잊히지 않을 뿐이고, 조국의 자주독립이 오거든 나의 유골을 동지들의 손으로 가져다가 해방된 조국 땅 어디라도 좋으니 묻어주고 무궁화 꽃 한 송이를 무덤 위에 놓아주기 바란다.

러운 인간미를 가진 한 사람으로서 평생을 살아왔다. 사실 그의 활동들과 남아 있는 사진들을 보면 그는 투박하고 부드러운 인간미 따위는 없을 것처럼 보인다. 그의 한 일화***를 알고 나면 확실해질 것이다. 정읍에는 그를 추모하기 위한 백정기 의사 기념관이 있다.

*** 한번은 김두봉의 집에 갔다가 그 집 어린아이들이 병에 걸려 먹지도 못하고 누워서 죽어가는 꼴을 보고는 속옷과 겉옷을 몽땅 벗고 두루마기만 걸친 채 시장에 있는 전당포를 돌아다니다가 겨우 돈 몇 푼을 얻어 빵과 약을 사들고 김두봉의 집으로 달려간 일도 있었다. 그 옷도 자기의 것이 아닌 동지들의 옷이었고 추운 겨울에 거리를 몇 시간씩 쏘다녔으니 그의 몸은 얼음이 되어 있었다고 한다.

[31] 조선 3대 명필, 이삼만****

   조선 후기, 최고의 명필을 꼽으라면 대부분 두말할 나위 없이 추사 김정희를 으뜸으로 칠 것이다. 추사 김정희는 청나라의 이름난 유학자들과 일찍부터 교류하며 국제적인 명성을 얻고 있었던 당대에 독보적인 존재였다. 그러한 추사의 그늘에 가려 제대로 빛을 보지 못한 이가 바로 창암(蒼巖) 이삼만(李三晚)이다.

**** 창암 이삼만(1830~1895)은 순조 때 정읍 현 동면 무곡(현 정읍시 부전동)에 살았던 분으로 전한다. 원래 삼만이란 이름은 불우했던 어린 시절의 과거를 의미하는 별명이다. 즉, 가난하여 글공부를 늦게 하였으며, 벗을 사귀는 것이 늦어, 사회진출이 늦었고, 장가를 늦게 들어 자손이 늦었으니 인생에 중요한 이 세 가지가 늦었다는 데서 일컬어진 별명인 것이다. 한평생 글씨 쓰는 데만 몰두하여 '유수체(流水體)'라는 필명을 떨치며 호남서단을 평정했던 인물이다. 창암이 추사보다 16살 위로, 추구했던 작품세계가 서로 달랐던 두 인물이 결정적으로 부딪쳤던 일이 있었으니, 다음의 일화가 이를 잘 말해준다. 추사 김정희가 정치적 소용돌이에 휘말려 제주로 유배 가는 길에 전주에 들렀을 때, 익히 명성을 듣고 있던 창암의 제자들이 스승의 글씨에 대하여 추사에게 평을 청하였다. 추사는 그 글씨를 보면서 한동안 말이 없더니 "노인장께선 지방에서 글씨로 밥은 먹겠습니다." 그 말을 듣고 창암의 제자들이 분노하자, 창암은 "저 사람이 글씨는 잘 아는지 모르지만, 조선붓의 갈라지는 맛과 조선종이의 번지는 멋은 잘 모르는 것 같다. 언젠가는 다시 날 찾아올 것이다"라고 하였는데 그의 예언은 적중하였다고 전한다. 창암 이삼만은 조선 후기의 혼란스러운 상황에서 오직 글씨 하나에 자신의 모든 것을 걸었던 예인이다. 추사가 청나라의 선진적인 문물을 받아들였던 유학파인 데 반해 창암은 오직 지방에서 조선의 풍토에 걸맞은 서체연구에 매진하였다. 특히, 창암은 평범하지 않은 칡뿌리, 대나무, 꾀꼬리 털 등 실험적인 붓으로 작품을 제작한 사례가 보여주듯이 조선글씨의 독창성을 담아내기 위한 노력들이 곳곳에 드러난다. 창암의 서체미학은 한, 위시대의 고법과 통일신라시대의 김생의 글씨를 바탕으로 궁극적으로는 자연에서 얻은 졸박한 아름다움의 '유수체'라는 자신만의 필법을 완성했고, 이것은 원교 이광사, 백하 윤순으로 이어져 내려온 '동국진체'를 심화, 확장시켰다는 데 그 의미를 둘 수 있다.

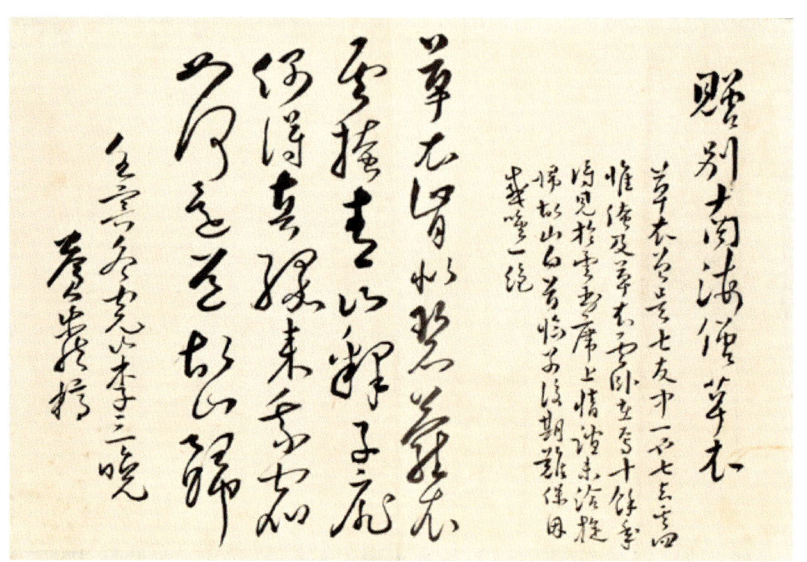
<이삼만이 초의에게 보낸 편지-증별남해승초의>

조선 후기 3대 명필인 창암 이삼만((蒼巖 李三晚, 1770~1847) 선생의 출생지가 전북 정읍이란 역사적 고증이 잇따라 확인돼 복원작업이 활발히 이뤄질 전망이다. 창암 이삼만 선생은 김정희(1786~1856) 조광진(1772~1840)과 함께 조선 후기 3대 명필로 흐르는 물과 같은 서체인 '유수체(流水體)'를 완성하고 한국 서예사를 '조선진체'라는 주체적 서예사조로 정립한 인물이다.

정읍시는 이삼만 선생의 출생지가 정읍 내장상동 부무실이란 사실을 순천대박물관 등 3곳의 각종 기념관에서 관련 소장 유물을 잇따라 발견했다. 이삼만 선생의 출생지는 정읍 부무실 외에 주 활동무대로 알려진 전주 교동이란 설이 있어 학계에서조차 논란이 돼왔다. 하지만 각종 기념관에 소장된 자료에서 이삼만 선생의 고향이 정읍 부무실이란 사실이 공식 확인돼 출생지 논란을 불식시키는 계기가 될 것으로 예상된다.

이삼만 선생의 출생지 확인 작업은 정읍시 문화예술과에서 전남 순천 대박물관과 충남 예산 추사 김정희기념관 및 경기 과천시청 추사고택 과지초당 등 3곳에 소장된 자료에서 발견됐다.

순천대박물관에서는 이삼만 선생이 1845년 76세 때 친필로 작성한 '창암서적 방우전' 작품에 부무실이 고향임이 확인됐다. 또 추사 김정희 기념관과 과천시청 추사고택 소장 자료에서도 정읍이 출생지란 기록을 남기고 있다.

정읍시는 부무실 마을이 창암 선생의 출생지로 공식 확인됨에 따라 역사적 고증 작업을 거쳐 공론화를 추진하는 등 대대적인 복원사업을 벌일 계획이다. 우선 순천대박물관의 유작품과 자료 등에 대해 문서화 작업을 위해 박물관 측에 공증을 의뢰하고, 추사기념관 등의 유물 자료 를 활용한 고증과 학술대회 등을 통해 공론화를 꾀한다는 전략이다.

특히 정읍 내장상동 부무실 마을에 창암 선생의 친필로 '석담(石潭)' 이란 글자가 새겨진 암석이 있는 점과 이 암석이 당초 이 마을 근수정 생가 터에 있었던 사실도 출생지를 뒷받침해주고 있다.

정읍시는 창암 선생 생가 터 복원사업의 하나로 '석담'에 투명 부스를 설치하고 생가 터와 친필 암석 등 유적지를 당초 위치로 옮기는 등 대대 적인 복원 작업과 체계적인 선양 사업을 '창암 선생 서예술진흥회'와 함 께 추진할 예정이다.

한편 창암 이삼만 선생 탄생 240주년 서예사 특별전이 '창암 선생 서

예술문화진흥회' 주최로 정읍사예술회관에서 열렸었다. 당시 전시회는 근래 서울 예술의전당에서 시작된 1차 전시회에 이은 것으로 창암의 삶과 예술세계를 보여주는 미공개 걸작을 비롯해 서예작품 100여 점이 선보였다.

'물처럼, 바람처럼'이란 주제로 개최된 당시 전시회는 정읍전에 이어 전북도립미술관의 전주전과 국립광주박물관의 광주전을 끝으로 대장정을 마감했다.

[32] 정읍이 낳은 현자, 안두승*****

　안두승 성인은 동의보감을 비롯해서 이제마의 사상의학에 달통했다. 의학은 원리를 터득하게 되면 임상연구가 뒤따라야 한다. 원리만 알고 임상연구가 뒷받침되지 않으면 사상누각과 같이 된다. 즉 실용학문으로 효용가치를 잃게 된다는 뜻이다. 40여 년 의료업에 종사하면서 『동의보감』에 없는 처방비법 70여 가지를 보유하고 있었던 것은 그의 치열한 임상실험에 있었다. 그가 세상에 마지막으로 남겼던 그의 자서전 『자아도안씨 비방요결』은 70여 가지 경험비방과 풍수지리 등 오행원리를 밝혀 놓은 것이다. 그가 얼마나 심취해 있었던 것인지는 몇 가지 전해 내려오는 일화가 이를 대변하고 있다.

　어느 날 조화한의원 정문에 게시문이 붙어 있었다. '당분간 휴업 합니다.' 온 식구와 함께 방장산 깊숙한 암자로 피난을 가버렸다. 제주도, 경상도, 강원도, 충청도에서 찾아온 환자들은 영문도 모르고 되돌아가야 했다. 왜 갑자기 휴업을 했을까. 그는 『정감록』, 『격암유록』, 『정역』, 『원효결서』, 『무학비결』, 『송하비결』 등 비결서를 탐독했었다. 우연하게 그는 1950년 6월 25일 한국전쟁을 예감했다. 『격암유록』에 보면 한국전쟁

***** 한민족통일포럼 전북지회 이종욱 회장의 글을 수정 인용한 내용임.

발발에 대해 언급되어 있다. '북한군의 남침으로 시작된 한국전쟁은 유엔연합군의 개입으로 반전되어 북한이 패배하게 된다.' 판문점에서 휴전회담이 성립되고 포로교환이 있게 되는 상황까지 기록되어 있다. 이 전쟁은 무지막지한 동족살육 전쟁이 되고 백조일손(百祖一孫)의 비극을 당할 것이라 했다. 얼마나 많은 사람이 죽어야 한다는 말인가. 이번 전쟁에서 죽으면 억울하다. 피난을 가자. 그러나 비극은 엉뚱한 데서 일어났다. 대흥리는 50호쯤 되는 촌락이고 이웃에 10호쯤 되는 양지편 마을이 있었다. 이곳이 전설적인 빨치산 대장 박춘생의 출생지이다. 그는 외가리 부대라는 빨치산 부대의 대장이었으며, 김일성으로부터 장군 임명장을 받기도 했다. 당시 마을의 부호 밀양 박씨는 5,000석 부자였다. 그의 아들 둘 다 모두 서울대학생이었다. 피난 차 고향에 내려왔다가 박춘생 손에 처형되었다. 그리하여 마을 청년 대부분이 박춘생의 추종자가 되었는데 그 가운데 김수복은 박춘생의 수족노릇을 했다. 악질적인 살인을 수없이 저질렀다. 정읍경찰서장 손예환은 정읍에서 피난을 못하고 남아 있다가 체포됐다. 천원리 사람 김수복은 그의 목을 잘라 장대에 메달아 경찰서 정문에 세워놓았다. 오고가는 행인들로 하여금 그 참혹한 광경을 보도록 만들었다. 대흥리는 백조일손이 아니라 천조일손일 만큼 피비린내가 진동했다. 안두승은 이토록 잔혹한 전쟁의 결과를 예언했다. 또 이런 일화도 있다. 마을에 있는 소를 잃어버렸다. 당시 농촌에서 소는 재산목록 1호에 해당된다. 아무리 찾아봐도 찾을 수 없자, 마을사람들은 대흥리 현자 안두승 원장을 찾아갔다. 그는 육효점술의 도인이었다. 주사위를 던져보더니 빙그레 웃었다. 당장 뛰어가서 집으로 가보시게나, 부리나케 집으로 가보니 소가 집 마당에서 주인을 기다리고 있었다. 그의 풍수지리와 육효점술 그리고 동의보감, 사상의학 10여개의 비방을 얘기하는 것은 그의 우주론과 철학의 깊이를 얘기하고자 함에 있다. 생명의 비밀, 운명의 향방은 모두 우주론에서 출발하고 우주론으로 귀결이 된다. 이미 그는 우주의 비밀을 알고 있었다. 육효점술은 하나의 징표가 된다. 우주론과 생명의 신비를 알고 있었으니 오늘날의 과학이 밝혀낸 몸의 저항력 원리를 알고 있었을 것이다. 이쯤 되면 안두승 성인의 신비가 풀리게 된다. 사람의 미래를 점쳐봤던 강증산은 차경석이 시술을 통해 사회적으로 물의를 일으키게 될 것을 오래전에 알고 있었다. 1900년 여름 대흥리 앞개울에서 강증산은 제자들과 함께 멱을 감고 있었다. 갑자기 물속으로 헤엄쳐 들어갔다. "앗다, 메기를 잡았다. 팔뚝보다 큰 메기야, 선생님." "그것은 메기가 아니라 나의 다리입니다." 강증산은 차경석이 메기처럼 무법자가 될 것을 예언했던 셈이다. 안두승 성인도 이런 차경석의 시술을 즉석에서 알아차렸다고 한다.

[33] 의사천(義士泉)과 왜종동(倭終洞) *

❀ 한날한시에 목숨 바친 의병장 유희진 삼형제

신암(信巖) 유희진(柳希津)(1558~1597)은 자는 택민(澤民), 호는 신암 (信巖), 본관은 고흥(高興)이다. 1558년(명종 18)에 정읍시 북면 승부리에 서 출생하였다. 1583년(선조 16) 임실 현감을 지내고 1588년(선조 21) 사 헌부 감찰로 내직에 들어갔다.

1592년(선조 25) 임진왜란이 일어났다. 전 순창 현감 김제민(金齊閔), 전 좌랑 김경수(金景壽) 등이 장성(長城) 남문(南門)에서 의병을 모아 왜 적과 싸우려 한다는 소식을 듣고(후대에 이 일을 남문창의(南門倡義)라 고 일컬음) 7월 20일 태인의 일재(一齋) 이항(李恒) 선생의 아들 이수일 (李守一)과 더불어 의병청(義兵廳)을 찾아가 그들과 더불어 의병을 일으 킬 것을 모의하고 돌아왔다. 고향 마을에 돌아온 공은 아우 희사(希泗), 희문(希汶)과 더불어 인근 장정들을 의병으로 모집하였다. 11월 10일 공

---

* 이 글은 전북과학대학교 유종국 교수님이 『정읍통문』에 연재한 내용을 인용한 것임.

은 두 아우와 함께 의병(義兵) 57명, 집안 장정 12명, 군량 35석, 우마 각 1두씩을 이끌고 장성 의병청으로 들어갔다.

이때 의병청에서는 호남 각지에서 모여든 우국지사들이 출정(出征)의 날을 기다리고 있었다. 출병을 앞두고 군오(軍伍)를 갖추었다. 우국지사들은 함께 모여 회의를 하였다. 여기서 김경수를 맹주로 추대하고 김제민을 의병장으로 추대하였다.

드디어 11월 24일 공은 김제민과 더불어 김후진, 김신남, 이수일 등 의사(義士)들과 더불어 의병 1,651명을 이끌고 의곡(義穀) 496석을 싣고 출정하였다. 이날 밤 장성(長城) 사가리(四街里)에서 숙영(宿營)하였다. 11월 25일 정읍 천원(川原)을 지나고, 26일 태인(泰仁)을 거쳐 28일 전주(全州)에 도착하였다. 29일에는 익산 여산에 이르러 황화정(皇華亭)에서 군열(軍列)을 정비하였다.

12월 3일, 출정 도중에 공은 김경수, 김중기 등과 함께 군량 300석을 영광 법성포 의곡장(義穀將) 기증효(奇曾孝)에게 보냈다. 그로 하여금 군량 300석을 임금의 피난처인 의주(義州) 행재소로 보내게 한 것이다. 또한 군량 100석은 영남(嶺南)의 곽재우 의병대장에게 보냈다.

12월 4일, 공은 김제민 의병장과 더불어 은진(恩津)에서 노성(魯城)으로 진군하여 5일에는 군사들과 온종일 사격 훈련을 시켰다.

이 무렵 왜군은 충청도 직산(稷山)과 진위(振威)에 진을 쳤다. 서울 외곽을 에워싸고 진을 친 것이다. 지난 6월 전라도관찰사 이광(李洸)이 거느렸던 의병부대는 경기도 용인에서 왜군과 접전하여 대패하고 물러난 바 있었다. 그 후 12월 이 무렵까지 왜군은 이곳을 지키고 있었던 것이다.

12월 7일, 김제민 의병장이 거느린 호남 의병은 금강을 건너 장기점에 이르러 청부, 천안, 온양 등지의 왜군의 적정을 살피었다. 12월 13일 진군하여 궁원으로 나아가 또 적정을 살피고, 19일에는 직산으로 진군하여 왜병 수백 명을 만나 접전을 벌여 적군 수십 명을 참살하였다. 20일에는 평택으로 진군하였으나 날씨가 너무 추워서 행군하지 못하고 22일에야 진위로 진군하였다. 진위에서 적군 15명을 생포하여 13명을 참수하고 2명을 돌려 보내주었다. 2명을 살려 보낸 것은 아군의 기개와 아량을 적군에게 한껏 과시하기 위함이었다.

23일 오산으로 진격하자 24일 수원성의 권율 도원수로부터 격려의 서신이 왔다. 며칠이 지나서 해는 바뀌어 1593년(계사년)이었다. 명나라 이여송 제독이 평양을 탈환하자 왜군이 남쪽으로 쫓겨 내려오고 있었다. 호남 의병들은 안성과 용인의 길목을 지키면서 왜적들을 일거에 섬멸하려고 하고 있었다. 그러나 이 무렵 명나라 송응창(宋應昌)의 주선으로 화의(和議)가 성립하였다. 화의에 따라 어쩔 수 없이 의병들은 2월 2일 회군의 길에 올라, 장기점, 노성을 지나 직산에 이르러 마침내 2월 17일 군대를 해산하였다.

공은 이와 같이 장성에서 창의하여 김제민 의병장과 생사를 같이하며 4개월에 걸친 전투에 적극 참가하여 공을 세웠다.

1597년(선조 30) 정유년 정유재란이 발발하였다. 공은 정유재란이 일어나자 정읍시 북면 승부리 본가에서 아우 희사, 희문 형제 수십 명의 장정과 함께 정읍 지역을 지키고 있었다.

왜적들이 남나령(南羅嶺: 북면 승부리에서 한교리로 넘어가는 낮은 고개)을 넘어오자 3형제가 장정을 이끌고 적군 수십 명을 참살하여 왜적의 침입로를 차단하였다. 공이 나아가 적장의 군도를 빼앗아 왜병들을 무찌르자 왜병들이 놀라 도망쳤다. 왜적들이 물러간 후, 공은 아우들과 함께 마을 앞 우물에서 물을 마시다가 미처 달아나지 못한 적당들에게 기습을 받아 두 아우와 함께 순절하였다. 이때는 12월 7일 공의 나이 40세였다.

후세 사람들은 공과 두 형제를 일컬어 "일문삼의사(一門三義士)"라 칭하기도 한다. 이때의 전투에서 왜적들이 물러났다고 하여 승부리 앞마을을 "왜적이 싸움에 패하여 마치고 돌아갔다"는 뜻으로 "왜종동(倭終洞)"이라 하고, 공이 마시다가 순절한 마을 우물을 "의사(義士)들의 샘"이라는 뜻으로 "의사천(義士泉)"이라고 전한다.

공의 공적을 인정하여 1798년(정조 22) 조정에서 사헌부 집의(執義)의 증직을 내렸다. 1824년(순조 24) 진산동 유애사(遺愛祠)에 충무공 이순신 장군과 공의 당숙 임란공신 유춘필(柳春泌)과 함께 배향하였고, 장성 오산사(鰲山祠)에 호남 의병장들과 함께 배향하였다.

[34] 기타, 정읍의 자랑스러운 인물

❋ 강일순(1871~1909)

본관: 진주(晉州)
자: 증산(甑山)

정읍시 이평면 서산리 외가에서 임신 13개월 만에 출생하여 본가인 덕천면 신월리(손바라기)에서 자랐다. 우리나라 신흥종교의 비조. 그는 어려서부터 남달랐다. 세상에 뜻을 두지 않고 30세까지 전국의 명산대천을 돌아다니며 수행을 했다. 갑오동학혁명 9월 봉기에 북상하는 동학농민군을 따라 행군한 사실도 있었다. 그는 천하를 주유하는 고행 끝에 1901년 7월 5일 모악산 대원사에서 도를 이루고 스스로 만능의 권능을 지닌 옥황상제의 화신으로 중생을 건지려 동방에 태어났다 하고 천지공사를 행하였다. 1902년 4월 김제시 금산면 원평 장터에서 김형열을 만나 이때부터 그의 집에서 머물렀다. 1907년 5월에는 용암리 주막에서 차경석을 만나 대흥리로 와서 그해 11월 차경석의 이종 누이동생 고씨 부인과 결혼했다. 이해 12월 26일 새벽 고부 운선리 신경수 집에서 천지공사를 하는 중 순검에 잡혀가는 불상사를 겪기도 했다. 이때 한참 의병이 일어나는 시기여서 의병의 집회로 오인받았던 것이다. 잡혀가서 고문을 당하고 구류된 사람은 모두 21명이었다. 증산종교 사상은 천지공사라는 형태로 구체화된다. 천지공사란 옥황상제의 권능으로 천, 지, 인, 삼계의 모순된 선천에서 후천으로 띄어 고친다는 것이다. 천지공사는 운도공사, 신명공사, 인동공사로 나뉜다. 운도공사는 자연의 운행법칙을 바로잡는다는 것이며, 신명공사는 종교를 비롯한 정신문화를 바로잡는 것이며, 인도공사는 인존사상을 바로잡는다는 것이다. 그러나 천지공사는 자연생성으로 이루어지는 것이 아니라 사람의 노력으로 이루어지는 것이라 하였다. 천지공사와 인도공사를 펴나가려면 기존질서는 개조되어야 한다는 것이다. 천존과 지존보다 인존이 크니 이제는 인존시대라 하였다. 증산은 1909년 6월 24일 동곡리(구릿골) 김형열 집에서 별세했다. 유해를 차경석이 대흥리로 이장하였던바 같은 교도인 조철제가 발굴해가는 등 옥신각신 끝에 1948년 2월 대흥리에 있던 유골을 무남독녀인 강순임이 인수하여 오리알터(금산사 어구) 증산선불교 경내에 봉안하고 있다. 별세한 후 고씨 부인이 태을교를 창설하였다.

❀ 김준(1582~1627)

본관: 언양(彦陽)
자: 징언(澄彦)

정읍시 정문에서 출생하였으며, 1605년(선조 38) 무과에 합격하고 선전관을 거쳐 교동 현감(경기도 강화군)을 지내고 향리로 돌아와 모상을 당하여 시묘살이를 했다. 1623년 인조반정에 참여하여 도총부 도사가 되고 경력으로 승진되어 죽산부사로 나갔다. 1624년(인조 2) 이괄의 난에 유공하여 의주 부윤으로 천거되었으나 나이가 젊다는 이유로 훈련원 정으로 임명되었다. 얼마 후 봉산 군수로 전임되었다. 1625년(인조 3) 통정으로 승진되어 안주 목사 겸방어사로 임명되었다. 1627년(인조 5) 1월 13일 만주지방에서 새로 일어난 청나라 태조인 '누루하치'가 3만 병력을 이끌고 압록강을 건너 의주로 침범해오니 정묘호란이다. 의주를 침범한 청군은 선천, 정주, 박천을 거쳐 1월 19일 청천강을 건너 청군의 선봉진이 안주성의 북문 밖에 육박해왔다. 이때 안주성에는 수성군 외에 병사 남이흥이 거느리는 1천여 명과 인근 군영의 병력을 합하여 4, 5천 명의 병력이 집결되어 있었다. 다음 날 청군 측에서는 글을 보내 항복을 권유했으나 단호히 거절하니 다음 21일 새벽 청군은 동·서·남·북 문을 포위하고 있었다. 김목사는 성안의 백성들을 동원하여 부녀자들에게는 돌을 깨트리고 큰 가마솥에 물을 끓여서 성첩으로 나르게 하고 장정들은 돌을 던지고 끓는 물을 성벽으로 기어오르는 적병들에게 끼얹어 막아내도록 했다. 이렇게 싸워 19, 20일 싸움에서 적군을 완전히 격퇴시켰다. 1월 21일 청군은 최후의 공격을 가해왔다. 성안의 군사들이나 백성들은 3일 동안 제대로 먹지 못하고 잠도 자지 못했을 뿐 아니라 때마침 혹독한 추위에 시달려 지칠 대로 지쳐 있었다. 이때 적군들은 동문과 북문으로 수만 명이 몰려들어 대세는 기울어졌다. 북문의 문루 위에서 활을 쏘며 군사들을 독전하던 김목사는 적병이 문루의 아래까지 접근해오자 병사 남이흥과 같이 임금이 있는 곳을 향해 사배하고 미리 준비했던 화약 포대에 불을 댕겨 최후를 마쳤다. 아들 유성은 적병과 싸워 전사했다. 이때 김 목사의 가족은 민가에 있었는데 첩 김씨는 세 살 된 딸과 함께

적에게 죽었고 종 헌충이 함께 죽었다. 그리고 출가했다가 근친에 와 있었던 딸도 은장도로 자결했다. 인조왕은 "한 집안에서 아비는 충에 죽고 아들은 효에 죽고 첩은 열에 죽었으니 삼강을 갖추었다" 하고 삼강정려를 내렸다. 1632년(인조 10) 향리 금정(지금 정문마을)에 사당을 세우고 임진왜란에 순절한 송상현, 신호와 함께 향사했다. 그리고 1657년에는 정충의 사액이 내렸다. 1681년 좌찬성에 가증되고 장무의 시호를 내렸다.

❋ 백광언(1544~1592)

본관: 수원(水原)
자: 명희(明喜)

정읍시 옹동면 도동에서 출생하였다. 20세에 무과에 올라 일찍이 진해 현감, 고성 현령을 지냈다. 1589년(선조 22) 북청 판관을 지내고 1592년(선조 25) 모상을 당하여 벼슬을 사퇴하고 돌아왔다. 1592년(선조 25) 임진 난에 동향의 전덕린과 더불어 의병을 모집 수백 명을 거느리고 전라 감사 이광에게 달려가 그의 선봉장이 되어 서울로 진군했다. 이해 6월 5일 용인 싸움에서 전덕린과 함께 전사했다. 그의 독자 함생도 1636년(인조 14) 병자호란에 강화에서 전사했다. 전후 병조참판에 증하고 선무원종공신에 표했다. 그리고 인조 때 병조판서에 가증되었다. 뒤에 충민의 시호가 내리고 1666년(현종 7) 유림들의 발의로, 향리 도동에 모충사를 세워 향사한다.

❈ 송상현(1551~1592)

본관: 여산(礪山)
자: 천곡(泉谷)
호: 청하(靑霞)

고부 천곡(현재 정읍시 망제동)에서 출생하였다. 15세에 향시에 수석으로 입격하고 1570년(선조 3) 진사에 입격하고 1576년(선조 9) 문과에 급제하여 벼슬이 사헌부 지평에 이르고 명나라 사신으로 다녀오기도 했다. 백천 군수를 거쳐 1591년(선조 24) 동래부사로 나갔다가 다음 해 임진왜란을 당했다. 1592년(선조 25) 4월 13일 부산으로 침입한 왜적은 15일 동래성으로 육박해왔다. 왜적의 포위 속에 있는 동래성은 자못 불안에 빠져 있었다. 이때 송부사는 부민들에게 죽음으로 성을 지켜야 한다고 선언했다. 적탄은 이미 성내로 날아들고 있었다. 최후까지 항전했으나 중과부적으로 왜적을 당해내지 못하고 최후를 마쳤다. 첩 김섬도 부군을 따라 자결했다. 부산 충열사와 고부 정충사(정읍시 흑암동)에 향사하고 1657년(효종 8) 충열의 시호를 내렸다.

❈ 이희맹(1475~1516)

본관: 고부(古阜)

고부군 우덕면 동곡리에서 출생하였다. 7세에 시서 경사를 읽고 15세에 향시에 일등으로 입격했다. 1492년(성종 23) 18세 되던 해 봄, 진사에 입격하고 가을에는 문과에 소년급제하고 다음 해 2월 홍문관 수찬으로 있다가 해남 현감으로 나갔으니 나이 19세였다. 때마침 연산군의 난정에 부모의 병으로 벼슬을 버리고 집으로 돌아왔다. 1496년(연산군 2) 임피 현령으로 나아가 치적이 뛰어나 사헌부 지평으로 영전되고 이어서 병조 호조의 정랑을 역임하고 1498년(연산군 4) 무오사화에 사핵관이 되었으나 벼슬을 사퇴하고 돌아왔다. 1500년(연산군 6) 다시 공주 목사 사간원사간 승정원 좌부승지로 승진되었으나 연산군의 폭정이 극도에 이르러 1년 만에 또 벼슬을 버리고 돌아왔다. 1504년(연산군 10) 12월 어머니 최씨 상을 당하고 다음 해 8월에는 부상을 당하여 시묘살이를 하였다. 중종반정 후 1501년(중종 5) 조정에서 다시 불러 호당 한림이 되고 또 전라관찰사를 특제했다. 다음 해에는 경기도 관찰사를 거쳐 충청도 관찰사를 지내고 도승지에 이르렀다. 명나라에 변무사로 들어갔다가 병으로 돌아와 1516년(중종 11) 벼슬을 사퇴하고 집으로 돌아와 9월 별세하니 향년이 42세였다. 전라관찰사로부터 부음을 전해들은 중종왕은 "나의 좋은 인재를 잃었도다." 차탄하고 이조판서에 증하고 문안의 시호를 내리는 동시에 예장(지금 국장)을 내렸다. 1673년(현종 14) 도계서원에 향사했다. 지금 대암 석불(정읍시 망제동)에 이익재의 소년 시절에 등과설화가 전해 오고 있다.

전성군

전북대학교 대학원(경제학박사)과 캐나다 빅토리아대학 및 미국 ASTD를 연수했으며, 농협대학교 인재개발원 교수, 건국대학교 겸임교수, 전북대학교 겸임교수, 전북과학대학교 강사, 배재대학교 강사, 농협 정읍시청지점장, 농산어촌어메니티연구회 운영위원, 대산농촌문화재단 전임교수, 농민신문 객원논설위원, 농협대학교 객원연구위원 등을 역임하였다.

현재는 농협중앙회 안성교육원 교수, 농진청 녹색기술자문단 자문위원, 마을디자인 자문위원, 그린코리아 컨설팅 자문위원, 시인(자유문예 작가협회회원) 등으로 활동 중이다. 생명자원경제 및 협동조합이론 전문가로서 『초원의 유혹』, 『초록마을사람들』, 『최신 협동조합론』, 『그린세담』, 『농정 3분 스피치』, 『내 고향 천변 긴 언덕에 더 놀다 가고 싶다』 외 다수의 저서가 있다.

정읍별곡

초 판 인 쇄 | 2012년 5월 18일
초 판 발 행 | 2012년 5월 18일

지 은 이 | 전성군
펴 낸 이 | 채종준
펴 낸 곳 | 한국학술정보㈜
주　　　소 | 경기도 파주시 문발동 파주출판문화정보산업단지 513-5
전　　　화 | 031) 908-3181(대표)
팩　　　스 | 031) 908-3189
홈 페 이 지 | http://ebook.kstudy.com
E - m a i l | 출판사업부 publish@kstudy.com
등　　　록 | 제일산-115호(2000. 6. 19)

ISBN　　978-89-268-3323-0 03910 (Paper Book)
　　　　　978-89-268-3324-7 08910 (e-Book)

이담 books 는 한국학술정보(주)의 지식실용서 브랜드입니다.

이 책은 한국학술정보(주)와 저작자의 지적 재산으로서 무단 전재와 복제를 금합니다.
책에 대한 더 나은 생각, 끊임없는 고민, 독자를 생각하는 마음으로 보다 좋은 책을 만들어갑니다.